ANGELIKA GRIESE

Wer mordet schon in Bremerhaven?

KLEINE TÖDLICHE GROSSSTADT In 11 Kurzkrimis werden in der pulsierenden Hafenstadt Bremerhaven gepeinigte Opfer zu mutigen und einfallsreichen Rächerinnen und Rächern. Lassen Sie sich in die Handlungen der Kurzkrimis hineinziehen, folgen Sie den Spuren der Verbrechen. Besuchen Sie die Tatorte: zum Beispiel den Fischkai im Fischereihafen, das Leuchtfeuer auf der Mole oder den Marina Yachthafen. Spazieren Sie des Nachts durch die Straßen des Amüsier- und Rotlichtviertels in Lehe. Ziehen Sie aus, um das Fürchten zu lernen.

11 Kurzkrimis und 125 Freizeittipps machen neugierig auf die weltoffene Seestadt mit ihren freundlichen und zumeist friedvollen Bürgern. Aber wer weiß, vielleicht huscht der eine oder andere Täter, der nicht gefasst wurde, an Ihnen unerkannt vorüber? Hin und wieder ist daher ein Blick über die Schulter angebracht. Lernen Sie Bremerhaven, neben den herausragenden und interessanten Sehenswürdigkeiten, auch abseits der üblichen Touristenpfade kennen. Die Autorin hat so manchen Geheimtipp für Sie parat.

Angelika Griese wurde 1949 in Bremen geboren. Sie arbeitete zehn Jahre als selbstständige Galeristin, später als Betriebswirtin in der Jugend-, Obdachlosen- und Altenhilfe. Seit 1995 veröffentlicht sie zahlreiche Krimis, Geschichten und Beiträge in Illustrierten, Zeitungen und Anthologien. »Wer mordet schon in Bremerhaven?« ist ihre erste Veröffentlichung im Gmeiner-Verlag. Angelika Griese lebt als freie Autorin in Bremerhaven.

ANGELIKA GRIESE

Wer mordet schon in Bremerhaven?

11 Krimis und 125 Freizeittipps

GMEINER SPANNUNG

Personen und Handlung sind frei erfunden.
Ähnlichkeiten mit lebenden oder toten Personen
sind rein zufällig und nicht beabsichtigt.

Besuchen Sie uns im Internet:
www.gmeiner-verlag.de

Im Ehnried 5, 88605 Meßkirch
Telefon 07575/2095-0
info@gmeiner-verlag.de

1. Auflage 2016

Lektorat: Sven Lang
Herstellung: Mirjam Hecht
Umschlaggestaltung: U.O.R.G. Lutz Eberle, Stuttgart
unter Verwendung eines Fotos von: © karstenjeltsch – Fotolia.com
und © Eichel / photocase.de
Druck: CPI books GmbH, Leck
Printed in Germany
ISBN 978-3-8392-1865-5

Für Karin,
Louise und Laura Sophia

VORWORT

Bremerhaven war vor 30 Jahren eine Stadt, in der die amerikanischen Soldaten in den Kneipen und Vergnügungsvierteln das Sagen hatten. Und die Werftarbeiter, die auf den vielen Schiffbaubetrieben riesige »Pötte« zusammen- oder auseinanderschweißten. Und natürlich die Fischer der deutschen Hochseefangflotte, die in Bremerhaven ihren Stützpunkt hatten und nach monatelangen Fangfahrten in den Heimathafen zurückkehrten. Ein brodelndes und vergnügungssüchtiges Völkergemisch. Alle hatten reichlich Heuer, Lohn oder Sold in den Taschen und alle waren voller Tatendrang. Mit anderen Worten: Damals wäre Bremerhaven die ideale Kulisse für Verbrechen aller Art gewesen – und war es vielleicht auch.

Heute gibt es keine Fischfangflotte mehr. Auf den verbliebenen Betrieben, die die große Werftenkrise überlebt haben, arbeiten spezialisierte Facharbeiter. Und die Amis sind schon lange abgezogen – seit die U.S. Army ihr Personal via Rhein-Main Air Base einfliegen lässt.

Was ist geblieben? Die alten Kneipen, das Flair der

70er-Jahre in manchen Stadtvierteln, die Weser natürlich und die Nordsee. Aber was ist neu? Da müsste nun eine lange Aufzählung touristisch höchst interessanter Sehenswürdigkeiten folgen. Als Bremerhaven nach langen Krisenjahren buchstäblich am Abgrund stand, Ende der 1990er-Jahre, setzten die Stadtväter alles auf eine Karte: den Tourismus. Sie schufen mit dem Klimahaus 8° Ost, dem Deutschen Auswandererhaus, dem Schaufenster Fischereihafen, dem Mediterraneo und dem Atlantic Hotel Sail City so enorm attraktive Sehenswürdigkeiten, dass man in ganz Norddeutschland ihresgleichen vergeblich suchen wird. Bestehende Einrichtungen wie das Deutsche Schiffahrtsmuseum, der Zoo am Meer, die Seebäderkaje, das Strandbad und die Weserpromenade wurden in Schuss gebracht.

Dies sind nun frische Tatorte, die man als solche zunächst gar nicht vermutet. Doch Mord und Totschlag in den schönen neuen Sehenswürdigkeiten Bremerhavens sind nur Mittel zum Zweck. Das Buch ermuntert dazu, die neuen »Tatorte« Bremerhavens aktiv zu erleben und dabei viele spannende Erfahrungen zu machen – vor oder nach der Lektüre dieses Buches.

Die zahlreich vorhandenen Attraktionen ziehen jedes Jahr Hundertausende von Touristen aus Nah und Fern an. Alle sind begeistert, wenn auch nicht jeder Besucher wieder die Heimreise antreten kann, wie Angelika Griese spannend schildert. Beide – das

Buch *Wer mordet schon in Bremerhaven?* und die Sehenswürdigkeiten der Stadt – verdienen daher Ihr Interesse.

Viel Spaß beim Lesen und Entdecken wünscht

Raymond Kiesbye

Geschäftsführer Erlebnis Bremerhaven, Gesellschaft für Touristik, Marketing und Veranstaltungen mbH

LIEBE LESERINNEN, LIEBE LESER,

keine Bange, Bremerhaven ist keineswegs eine mörderische Stadt, in der an jeder Ecke ein Meuchelmörder auf Sie lauert. Da kann ich Sie von vornherein beruhigen. Die Personen, Handlungen und Motive in den folgenden Krimis entstammen ausschließlich meiner Fantasie, spielen allerdings an Original-»Tatorten«, die mir als Bremerhavenerin ans Herz gewachsen sind, die ich häufig besuche und an denen ich mich inspirieren lasse. Unter dem *Leuchtfeuer Süd auf der Geestemole* kam mir die Eingebung zu einem der nachfolgenden Krimis: Ich war zufällig Zeuge, als auf der Mole ein Wohnmobil auf gefährliche Weise rangierte und rückwärts von der Kaje in die *Geestemündung* zu rollen drohte.

Bei meinen Streifzügen durch Bremerhaven prasseln häufig wie von Geisterhand Ideen für neue Krimis auf mich ein. Zum Beispiel ein Mann, der nach einem Eifersuchtsdrama im *Krohn's Eck* tot im Hafenbecken treibt. Ein Mord des Nachts bei Hochwasser an der *Geeste* oder auf einem Segelboot im *Marina-Yachthafen. Thieles Garten?* Lieber nicht. Für das fiese Opfer ein zu schöner Ort zum Sterben. Auf dem Kiez? Da springen mich die Mordmotive geradezu an. Einen Stalker in einen der Überseehäfen locken und ihn dann …

Ich hoffe, dass für Sie viele interessante Ausflugsziele und Freizeittipps dabei sind. Sei es für die Kulturinteressierten, die Musikbegeisterten, die Vergnügungssüchtigen, die Naturverbundenen oder für die Freizeitkapitäne unter Ihnen.

Vielleicht ist auch für so manchen Einheimischen der eine oder andere Tipp dabei. Wollten Sie nicht schon lange im *Stadttheater* oder im *TiF – Theater im Fischereihafen* eine Vorstellung besuchen? Eine Fahrt mit dem *HafenBus* unternehmen, oder mit der *MS Geestemünde* auf *Dicke Pötte Tour* gehen? Mal wieder abrocken in *Kuddels Musikkneipe*, zum Krimi-Dinner oder Open Stage im *Hotel Metropol*, einen fröhlichen Abend in *Die letzte Kneipe vor New York* genießen? Bisher nicht vom Sofa gekommen, um am *Altstadtrundgang in Lehe* teilzunehmen?

Ich hoffe, dieser kriminelle Freizeitplaner inspiriert Sie, mal wieder in die Puschen zu kommen und Bremerhaven aufs Neue zu erobern.

Mit diesem Buch möchte ich Leserinnen und Leser, die nicht in Bremerhaven leben, neugierig auf unsere aufregende Hafenstadt machen. Ein Besuch lohnt sich zu jeder Jahreszeit. Hier ist immer was los. Versprochen. Und über eine Leiche werden Sie garantiert nicht stolpern.

Wandeln Sie auf den Spuren »meiner« Verbrechen, erkunden Sie die Tatorte. Wer weiß, vielleicht huscht der eine oder andere Täter, den ich aus Verständnis und Mitgefühl für sein Mordmotiv unentdeckt habe laufen lassen, an Ihnen vorbei? Mal ehrlich, so ein bisschen Gruseln ist doch auch ganz schön.

Ich wünsche Ihnen viel Spaß und Spannung
Ihre Angelika Griese

BERNIS LETZTE REISE

»Den Vollpfosten hätte ich längst um die Ecke gebracht«, empörte sich eine Dame am Nebentisch und warf Bernhard bitterböse Blicke zu.

Ulrike senkte verlegen den Kopf. Sie schämte sich für die Taktlosigkeiten ihres Gatten, an denen die anderen Gäste unfreiwillig teilnehmen mussten. Den Vorschlag der Dame konnte sie bedingungslos unterschreiben.

Sie saßen im **Schaufenster Fischereihafen** auf der Terrasse vor einem der vielen Speiselokale, die sich an der Packhalle IV wie eine Perlenkette aneinanderreihten. Es hätte ein so schöner Urlaub sein können, wenn Bernhard ihr nicht ständig mit seinen Mäkeleien und Beleidigungen alle Freude vermiesen würde. Von seinen peinlichen Auftritten ganz zu schweigen.

Gerade hatte er sich wieder lauthals über ihr Körpergewicht lustig gemacht. Sie war schon seit Jahren nichts anderes von ihm gewöhnt. Ständig kritisierte er ihre Figur. Und das mit Vorliebe vor anderen Menschen.

»Hallo, Frollein«, bölkte Bernhard und schnippte

mit Daumen und Mittelfinger nach der Kellnerin, die ihm einen verächtlichen Blick zuwarf und sich danach absichtlich Zeit ließ.

Ulrike rutschte tiefer in den Sitz und wünschte sich eine Tarnkappe.

»Du zahlst, das geht vom Haushaltsgeld ab.«

Ulrike fummelte nervös ihre Geldbörse aus der Handtasche. Der nächste Eklat war vorprogrammiert. Sie hatte kein Bargeld mehr und die PIN ihrer Kreditkarte vergessen.

»Wie kann man nur so blöd sein«, wetterte Bernhard. »Das gibt's doch gar nicht!« Während er ungehalten sein Portemonnaie aus dem längst aus der Mode gekommenen Herrenhandtäschchen holte, flüchtete Ulrike mit eingezogenem Kopf auf die Toilette. Dabei spürte sie die ungläubigen und empörten Blicke der anderen Gäste, die sich auf ihren Mann richteten, der breitbeinig in seinen geschmacklosen Shorts am Tisch saß. Auf Kinn und Lippen glänzten Reste von Buttersoße. Mit viel Überredungskunst hatte sie ihn davon abbringen können, sich im ärmellosen Shirt zu präsentieren. Von den Socken in Sandalen ganz zu schweigen. Über seinen Wahlspruch: »Einen Bernhard Brunner kann nichts entstellen« konnte sie schon lange nicht mehr lachen.

Als sie unter den mitleidigen Blicken der anderen Gäste zurück an den Tisch kam, räumte die junge Kellnerin unter Bernhards kritischen Blicken gerade das Geschirr ab. Sie hatte hoffentlich nicht auf ein Trinkgeld von Bernhard spekuliert? Der rückte niemals auch nur einen Cent raus.

»Hallo, Frollein, noch einen Kaffee«, grölte Bernhard hinter ihr her.

Die Kellnerin blieb für einen Moment wie angewurzelt stehen. Erst jetzt bemerkte Ulrike den Aufdruck: ›Ich heiße nicht Hallo‹ auf der Rückseite ihres T-Shirts. Der Wink mit dem Zaunpfahl mochte so manchen Gast in die Schranken weisen, konnte aber einen Bernhard Brunner nicht beeindrucken.

»Den Vollpfosten hätte ich längst um die Ecke gebracht.« Diesen Satz der erzürnten Dame bekam Ulrike nicht aus dem Kopf. Keine neue, aber gute Idee. In den letzten Jahren hatte sie viele Mordszenarien in ihrer Fantasie durchgespielt: erwürgen, erhängen, vergiften, erstechen, erschießen …

Immer wenn sie kurz davor war, sich von ihm zu trennen, verwandelte er sich in einen einigermaßen erträglichen Ehemann. Nur war das nie von langer Dauer. Nachdem sie so dumm gewesen war, für seine Schulden zu bürgen, war sie fest in seiner Hand.

»Wenn du mich verlässt, höre ich sofort auf zu arbeiten. Dann kannst du sehen, wie du die Schulden abbezahlst.« Rücksichtsloser ging es nicht. Wie oft hatte sie sich von ihm trennen wollen, es aber nie geschafft. Warum eigentlich? Liebe war schon lange nicht mehr im Spiel. Eine Trennung kam für Bernhard nicht infrage. Einen Kerl wie ihn verließ man nicht. Das glaubte er wirklich. »Ich finde dich überall, wünsch dir das nicht«, oder: »Wie willst du denn allein zurechtkommen? Du bist ohne mich doch nichts.« Mit solchen Sprüchen hatte er sie immer wieder eingeschüchtert. Ulrike konnte sie alle herunterbeten. Keine ihrer Freundinnen verstand auch nur im Entferntesten, warum sie diesen Mistkerl nicht verließ. Alle hatten ihre Hilfe angeboten. Als er dahintergekommen war, hatte er ihr den Umgang mit ihnen verboten. »Kein Komplott hinter meinem Rücken, das lass ich nicht zu. Was denkst du denn, wer du bist«, hatte er geschrien und sie im Haus eingeschlossen. Aus Scham behielt sie seine Demütigungen für sich. Und darauf spekulierte er.

Seit drei Tagen waren sie nun in Bremerhaven und seit drei Tagen durchlebte sie in aller Öffentlichkeit die Hölle der Peinlichkeiten und Erniedrigungen. Gestern hatten sie das **TiF – Theater im Fischereihafen** besucht. Sie hatte sich so auf die Vorstellung gefreut, doch er hatte wieder alles versaut. Das Wort Kultur existierte nicht in seinem Wortschatz. Sein ständiges Dazwischenreden und sein ausfallendes Benehmen störten die Sitznachbarn in hohem Maße. Nachdem er auch noch zischend eine Bierdose geöffnet hatte, war für sie das Maß voll gewesen. Fluchtartig hatte sie das Theater verlassen. Sie konnte nicht mehr. Sie musste etwas ändern.

Während Bernhard im nahegelegenen Hotel seinen Mittagsschlaf hielt, schlenderte Ulrike am Hafenbecken entlang und blickte nachdenklich aufs Wasser. Die **Dorsch** verließ gerade die Anlegestelle und brach zur Hafenrundfahrt durch den Fischereihafen auf, mit lauter fröhlichen Menschen an Bord, stellte sie wehmütig fest.

Bernhard hatte sich vorgenommen, am Nachmittag das **Museumsschiff Gera** zu besichtigen. »Du kannst ja in der Zeit dieses **Seefischkochstudio** besuchen, da kannst du noch was lernen. Kann dir bestimmt nicht schaden.« Wieder einer seiner niederträchtigen Kommentare. Sie überhörte die Spitze und würde der **Erlebnisausstellung Expedition Nordmeer-Fischereiwelten Bremerhaven** oder der **Phänomenta** einen Besuch abstatten.

Ulrike setzte sich unter einen der großen Sonnenschirme und bestellte sich einen Cappuccino und ein Stück Erdbeertorte mit einer doppelten Portion Sahne. Das musste jetzt sein. Am Nebentisch saßen zwei Frauen, die tuschelnd die Köpfe zusammensteckten und immer wieder zu ihr herüberblickten. Hatten sie sie wiedererkannt? Bemitleideten sie sie? Fragten sie sich, warum sie so blöd war und mit einem solchen Proleten den Urlaub verbrachte? Die beiden Frauen zahlten und schlenderten Richtung Parkplatz.

Ulrike fühlte sich jetzt unbeobachtet und ließ sich das Tortenstück schmecken. Es sollte ihr letzter gemeinsamer Urlaub mit Bernhard sein. Der wirklich *allerletzte* Urlaub mit dem Mistkerl, schwor sie sich.

Sie sah auf die ruhigen, dahin dümpelnden Wellen

im Hafenbecken und dachte nach. Wie durch wabernden Nebel erreichten sie Gesprächsfetzen von den Nachbartischen. Genussvoll steckte sie sich eine Zigarette an und stieß befreit den Rauch in die Luft. Da kam ihr die zündende Idee, die ihr Leben verändern sollte. Dafür musste sie heute Abend den geplanten Besuch im **Figurentheater** streichen, aber das war es allemal wert. Bernhard, dein Ende naht, genieß dein armseliges Leben, solange du noch kannst.

Die Theke im **Krohn's Eck** war bis auf den letzten Barhocker besetzt. Ebenso der Schankraum. Sie hatten gerade noch zwei Plätze an einem Tisch neben der Eingangstür ergattert. Dort saß eine laute, bereits angeheiterte und nicht mehr ganz taufrische Frauenrunde jenseits der 50. Rheinische Kegelschwestern, wie sich im Laufe des Abends herausstellte. Die wollten was erleben und entsprechend hatten sie sich aufgebrezelt. Bernhard ließ gleich einen seiner abgestandenen Sprüche los und glaubte tatsächlich, das Ziel ihrer Begierden zu sein. Ulrike kannte es nur zu gut, wenn er kurz davor war, zur Höchstform aufzulaufen. Die Wasserstoffblondine neben ihm, mit billigem Schmuck behangen und Brüsten, die kurz davor waren, aus dem Ausschnitt herauszufallen, fiel genau in sein Beuteschema. Ihr schrilles Lachen ging Ulrike durch und durch. Bernhard bestellte eine Runde Korn für alle. Niveauloses Gejohle der Frauenriege war sein Lohn. Er sonnte sich sichtbar in seinem vermeintlichen Erfolg und pumpte sich auf.

Ulrike triumphierte innerlich. Das passte alles. Ihr Plan würde aufgehen. Ganz sicher. Die Frauen waren trinkfreudig, Bernhard hatte seine Spendierhosen an und wähnte sich als Hahn im Korb.

Ulrike sah sich interessiert in der urigen Kneipe um. Bis auf die Kegelschwestern schien es sich ausnahmslos um Stammgäste zu handeln. Man scherzte und kannte sich beim Vornamen. Ihr Blick fiel auf die Wegweiser, die von der Decke hingen: Oslo 422 Seemeilen, Tokio 10.950 Seemeilen … Ulrike geriet ins Träumen. Wer weiß? Vielleicht stand einer längeren Reise bald nichts mehr im Weg, dachte sie. Bernhard verreiste ja ausschließlich innerhalb Deutschlands. Am liebsten fuhr er nach Bayern. Nur mit Mühe hatte sie ihn in diesem Jahr dazu überreden können, auch mal den Norden zu besuchen. Für die Fischköppe, wie er sich abfällig ausdrückte, hatte er nicht viel übrig. Selbst wenn es ihm hier in Bremerhaven gefallen sollte, würde er das nie zugeben. Egal, sie war von der Seestadt begeistert, auch wenn sie Bernhards Anwesenheit noch ertragen musste. Belustigt hörte sie, wie die aufgemotzte Kegelschwester ihn schon Berni nannte. Wie niedlich.

»Was glotzt du denn so blöd?«

Ulrike ignorierte seine unmögliche Frage. Bernhard hatte das blonde Gift im Arm, deren gewöhnliche French Nails, die mit einem pinkfarbenen Design versehen waren, sich besitzergreifend an seinen Oberarm hefteten. Dicke Schweißtropfen liefen ihm von der Stirn, sein Gesicht war puterrot angelaufen, ein Zeichen, dass er seine Blutdrucktabletten nicht eingenommen hatte. Gut so. Beide schunkelten zur Musik, die aus der Musikbox kam. Der blonde Hans schmetterte zum x-ten Mal sein *La Paloma*. Zwei der Kegelschwestern hatten inzwischen Tanzpartner gefunden und schwoften auf nicht mehr ganz sicheren Füßen durch das Lokal. Die beiden anderen sahen ihnen neidisch dabei zu.

Ulrike ignorierte seine Provokation und betrachtete die barbusige Galionsfigur, die von der Decke hing und ihr aufmunternd und verschwörerisch zugleich zuzuzwinkern schien.

»Auf Berni«, grölte das blonde Gift und hielt das volle Schnapsglas mit ihren fünf beringten Frankfurtern in der Luft.

»Auf Berni«, gackerte der Rest der Runde.

»Du bist aber auch eine Trockenpflaume. Guckt sie euch an«, sagte Berni in Ulrikes Richtung und wandte sich an die Frauenriege. »Die geht zum Lachen in den Keller.«

Die Kellnerin und zugleich Bardame, die Nachschub brachte, sah Bernhard herausfordernd an: »Kein Wunder. Bei den Sprüchen muss Ihrer Frau ja das Lachen vergehen.« Wer sie kannte, wusste, dass sie ein solches Benehmen nicht unkommentiert stehen ließ. Sie klopfte Ulrike fürsorglich auf die Schulter. »Kommen Sie doch mit an die Theke, da ist gerade ein Platz frei geworden.«

Keine schlechte Idee. Ulrike folgte ihr zögernd und wurde von den Gästen an der Theke aufmunternd begrüßt.

Bernhard entgleisten verblüfft die Gesichtszüge. Das hatte sie ihm noch nie geboten.

Auf dem Weg zur Theke wurde Ulrike schlagartig klar, dass sie gerade dabei war, sich aus seinem Machtbereich zu lösen. Bisher hatte sie sich immer für seine Entgleisungen mitverantwortlich gefühlt und nicht gewagt, sich davon zu distanzieren.

»Pass mal auf, dass deine Ködelkiste auf den Hocker passt«, grölte er hilflos und schlug sich auf die Schenkel.

Schlagartig wurde es in der Kneipe mucksmäuschenstill. Ulrike beobachtete gespannt, wie sich ein zirka zwei Meter großer Seebär vom Barhocker schob und langsam auf Bernhard zusteuerte. Er legte seine mächtige Pranke auf dessen Schulter, während Bernhard sich ängstlich duckte. »Pass mal auf, du kleine Wurst. So respektlos behandelt man keine Lady. Das dulden wir hier nicht. Wenn du dich nicht benehmen kannst, dann schmeiß ich dich achtkantig raus, ist das klar?«

Bernhard versuchte ergebnislos, sich aus dem Griff des Seebären zu lösen. Hilflos schaute er zu Ulrike, die nur einen verächtlichen Blick für ihn übrig hatte.

»Ob das klar ist?«

Bernhard duckte sich. »Ist ja gut, Mann. War nur ein Spaß.« Auf einmal war Bernhard kleinlaut geworden.

Der Seebär zog Bernhard am Kragen hoch und ließ ihn auf den Stuhl fallen. »Würstchen«, brummte er in seinen Bart, lüftete kurz die Prinz-Heinrich-Mütze und schlenderte, als wäre nichts geschehen, zur Musikbox.

»Darf ich bitten«, hörte Ulrike hinter sich die sonore Stimme des Seebären. Erstaunt drehte sie sich um und traute ihren Augen nicht. Formvollendet verbeugte er sich und half ihr vom Hocker. In seinen kräftigen Armen fühlte sie sich sicher und geborgen. Sehr lange hatte sie nicht mehr getanzt, aber es machte ihr Spaß. Großen Spaß sogar. Aus den Augenwinkeln beobachtete sie Bernhard, der am Tisch hockte und wütend in sein Bierglas starrte. Das blonde Gift schien schlagartig das Interesse an ihm verloren zu haben. Sieger sahen anders aus.

Nachdem die rheinischen Frohnaturen das Krohn's Eck verlassen hatten, blieb Bernhard allein am Tisch sitzen und trank einen Korn nach dem anderen.

Ulrike amüsierte sich köstlich. Aus Angst, Bernhard könnte ohne ein Wort zu sagen das Lokal verlassen, behielt sie ihn im Auge.

Ulrike duzte inzwischen die anderen Gäste und fühlte sich pudelwohl. Sie genoss die Stunden und schöpfte wieder Hoffnung. Ihr Plan, sich von Bernhard endgültig zu befreien, wurde von Minute zu Minute konkreter. Gegen Mitternacht verließ sie, ohne Bernhard zu beachten, gemeinsam mit den Stammgästen das Lokal.

Sie stand im Dunkeln am Zaun vom Biergarten des Krohn's Eck und wartete darauf, dass Bernhard endlich herauskam. Er war der letzte Gast. Die Tür öffnete sich und sie sah, wie ihr sturzbetrunkener Noch-Ehemann aus der Kneipe stolperte. Prüfend sah sie sich um. Kein später Spaziergänger in Sicht. Leise trat sie von hinten an ihn heran und packte ihn fest am Arm. »Na, hat sich der tolle Berni gut amüsiert?«

»Du?« Seine Augen stierten sie glasig an. »War noch richtig schön ohne dich«, lallte er und schoss unkontrolliert vorwärts. Ulrike hatte seinen Arm fest im Griff und schob ihn langsam Richtung Fischkai. »Junge, komm bald wieder ...«, summte er betrunken vor sich hin.

»Junge, komm nie wieder«, flüsterte Ulrike und stieß ihn kurzerhand zwischen dem Museumsschiff Gera und dem **Salondampfer MS Hansa** ins Hafenbecken. Sie bückte sich und sah, wie er mit den Armen paddelnd fieberhaft versuchte, sich über Wasser zu halten. »Pech, wenn man nicht schwimmen kann«, flüsterte sie und blickte in seine weit geöffneten Augen, die sie panisch anstarrten. Der auf und zu schnappende Mund erinnerte sie an einen Karpfen auf dem Trockenen. Seine Bewegungen wurden langsamer, bis er wie in Zeitlupe unter der Wasseroberfläche verschwand. Das Plätschern des Wassers, das rhythmisch an die Kaimauer schlug, klang wie Musik in ihren Ohren. Befreit schlenderte sie, ohne sich noch einmal umzudrehen, den Fischkai entlang, Richtung Hotel. Sie dachte an Bernhards Lebensversicherung und an ein unbeschwertes Leben. Sie hatte es sich verdient.

»Mein Mann war sturzbetrunken, als ich das Krohn's Eck gestern gegen Mitternacht verlassen habe«, wird sie morgen wahrheitsgemäß der Polizei erzählen. Zeugen gab es genug.

Schaufenster Fischereihafen
An der Packhalle IV

Das Schaufenster Fischereihafen befindet sich im Fischereihafen und ist Erlebnismeile und ein maritimer Anziehungspunkt für Einheimische und Touristen. In den zahlreichen Restaurants, die sich in der ehemaligen Packhalle IV befinden, können die Gäste hervorragend speisen. Im Sommer unter großen Sonnenschirmen im Freien mit Blick auf das Hafenbecken, den Marktplatz und das gegenüber liegende Forum Fischbahnhof, das für Kultur und Unterhaltung sorgt.

Auf dem Marktplatz Schaufenster Fischereihafen finden jährlich zahlreiche und beliebte Events statt: kostenlose Live-Musik, Oldtimer-Treffen, Bauernmärkte, Drachenbootrennen, Fischpartys und im August das beliebte und kostenlose Freilichtkino, um nur einige zu nennen.

Hier legt die *Dorsch* zur Hafenrundfahrt ab, das Museumsschiff FMS Gera kann besichtigt werden. Wer Bremerhaven mit dem Fahrrad erkunden möchte, kann dieses in der RadStation ausleihen. Hier befindet sich auch die Tourist-Info Fischereihafen: Auskünfte, Beratung, Eintritts- und Fahrkarten sowie Unterkunftsvermittlung.

Der Name Schaufenster Fischereihafen rührt daher, dass die Besucher bei der Verarbeitung, zum Beispiel beim Räuchern von Fisch, zusehen können. In den Fischläden mit reichhaltigem Angebot kann Fisch gekauft oder auf einem Brötchen sofort verzehrt werden.
Mehr Infos unter: www.schaufenster-fischereihafen.de
Schaufenster Fischereihafen Werbe- und Veranstaltungs-GmbH
Tel: 0471/3010003

TiF – Theater im Fischereihafen
Schaufenster Fischereihafen, Am Schaufenster 6

Seit 1996 erfreut sich das TiF – Theater im Fischereihafen großer Beliebtheit. Es ist im Forum Fischbahnhof, einer ehemaligen Fischversandhalle untergebracht und ist aus dem Bremerhavener Kulturleben nicht mehr wegzudenken. Über 20.000 Theaterbesucher lassen sich jährlich von zirka 130 Vorstellungen begeistern.
Gute Sichtverhältnisse durch eine ansteigende Tribüne und die sehr gute technische Ausstattung runden einen anregenden Theaterbesuch ab.
www.tif-bremerhaven.de

Barkasse M.S. Dorsch

Schaufenster Fischereihafen, An der Packhalle IV

Die *Dorsch* nimmt die Passagiere mit zu einer 80-minütigen Hafenrundfahrt durch den Fischereihafen. Die Gäste erleben hautnah das Hafenleben mit seinen riesigen Kühlhäusern, Docks und Werften. Entlang der Kaimauern passiert die Dorsch u. a. die Marina Nordsee-Yachting mit dem Leuchtturm Brinkamahof. Auf äußerst interessante Art und Weise erfahren die Passagiere vom Kapitän viele Daten und Fakten über den Fischereihafen und Bremerhaven. Eltern sollten ihre lautstarken Kinder gut im Griff haben, sonst gibt es im Interesse der wissensdurstigen Passagiere schon mal ein Donnerwetter vom Kapitän.

Abfahrten: 11 Uhr, 12.30 Uhr 14.30 Uhr und 16 Uhr

Tickets vor Ort

Tel: 0471/9292095

Weitere Hafenrundfahrten

Anleger: Neuer Hafen Südkaje – Lady Sunshine **und** Hein Mück

Hafenrundfahrt mit den Glasdachschiffen *Lady Sunshine* und *Hein Mück*. Die Glasdach-Cabriolets fahren in einer einstündigen Hafenrundfahrt durch alle sieben Überseehäfen.

Die Passagiere erleben hautnah das Hafenleben

mit seinen großen Schiffen, Autoumschlagplätzen, Docks und Werften.
Abfahrtzeiten: 10.30 Uhr, 11.15 Uhr, 12 Uhr, 12.45 Uhr, 13.30 Uhr, 14.15 Uhr, 15 Uhr, 15.45 Uhr und 16.30 Uhr
Alle Schiffsfahrten sind saisonabhängig.
Plätze für Kinderwagen und Rollstühle auf Anfrage direkt beim Veranstalter vor Ort oder unter Tel.: 0471/415850

FMS Gera
Fischkai Schaufenster Fischereihafen

Die Gera ist deutschlandweit das einzige schwimmende Hochseefischereimuseum. Sie vermittelt den Besuchern ein anschauliches Bild vom Leben und Arbeiten auf einem Hochseefischereifahrzeug und ist mit der kompletten Ausrüstung eines Seitentrawlers ausgestattet.
Neu ist der Multimedia Guide. Dazu braucht es ein Smartphone oder ein Tablet. An der Kasse erhalten Sie zum Ticket einen Code, um sich ins WLAN-Bordnetz einzuwählen.
Auf dem Museumsschiff wird das Fischeinholen auf hoher See gezeigt und der Besucher bekommt eine Ahnung davon, wie hart es damals auf den Seitenfängern zur Sache ging.
1959 wurde das Schiff als letzter deutscher Seitenfänger gebaut, 1990 vom Historischen Museum

Bremerhaven vor der Verschrottung gerettet und in den Fischereihafen überführt. Der Trawler verfügt über eine Länge von 66 Metern. Der Museumsbetrieb an Bord wird vom Freundeskreis FMS Gera betreut.
www.museumsschiff-Gera.de

Seefischkochstudio

Forum Fischbahnhof, Schaufenster Fischereihafen

Regional kochen und speisen. Fisch aus Bremerhaven ist schmackhaft und gesund. In dem einstündigen Kochvortrag wird den Besuchern gezeigt, wie man ein leckeres Fischmenü aus frischem, geräuchertem oder tiefgekühltem Fisch zubereitet. Auch Vorschläge für kalte Platten kommen nicht zu kurz. In den gemütlichen Räumlichkeiten des Seefischkochstudios können die Besucher nach dem Vortrag ein köstliches kalt-warmes Fisch-Büfett genießen.
www.seefischkochstudio.de

Erlebnisausstellung Expedition Nordmeer – Fischereiwelten Bremerhaven

Forum Fischbahnhof, Schaufenster Fischereihafen
Hier können Sie eintauchen in die Tiefen des Atlantiks oder staunend vor einem Walskelett stehen. Auf 800 Quadratmetern Ausstellungsfläche

erfahren Sie alles Wissenswerte über Fischerei, Meer und Fischereiforschung. Sie gehen in sieben verschiedenen Abschnitten auf eine Reise, die im Fischereihafen beginnt, Ihnen die Anfänge der gewerblichen Fischerei zeigt, wie hart die Arbeit auf hoher See war und Sie am Ende bis in die Tiefsee führt. Auf einem Tablet-PC, den jeder Besucher geliehen bekommt, begleiten Sie zwei virtuelle Figuren. Die Kinder werden vom Klabautermann Kalle Klabauter und die Erwachsenen vom Meeresbiologen Theo Gadus an die Hand genommen und durch die Ausstellung geführt.

Die Ausstellung ist ganzjährig täglich von 10 Uhr bis 18 Uhr geöffnet.

Phänomenta

Hoebelstraße 24, Fischereihafen

Den Geheimnissen der Naturwissenschaften und Technik auf der Spur. Spaß für die ganze Familie. Mehr als 80 Experimentierstationen warten auf junge und jung gebliebene Forscherinnen und Forscher. Tägliche Mitmach-Aktionen im Kinder-Chemielabor sind ein besonderes Erlebnis für die Kleinen. An allen Tagen können im Haus der Sinne Kindergeburtstage gefeiert werden. Unter pädagogisch erfahrener Anleitung nehmen die Kinder an einem phänomenalen Spiel-

programm teil. Spannend und sehr beliebt ist die Fahrt mit einem Spezialfahrstuhl, der die Besucher 5.500 Meter tief in die Erde in eine Salzhöhle bringt.
Mehr unter: www.phaenomenta-bremerhaven.de

Figurentheater
Packhalle V im Fischereihafen

Das Figurentheater ist ein professionelles Figuren- und Puppentheater im Fischereihafen.
40 Zuschauer haben in der kleinen Spielstätte in der Packhalle V Platz. Im Repertoire finden sich Stücke für Erwachsene, zum Beispiel *Lady Macbeth* nach Shakespeare, bis zur *Kleinen Raupe Nimmersatt* für Kinder. In der Vorweihnachtszeit finden regelmäßig Weihnachtsmärchen für die Kleinsten (ab vier Jahren) statt. Die Figuren für die Inszenierungen entstehen in der eigenen Werkstatt.
Mehr unter: www.figurentheater-bremerhaven.de

Krohn's Eck
An der Packhalle IV, Schaufenster Fischereihafen

Eine echte Seemannskneipe mit maritimem Flair. Hier trinkt jeder, vom Juristen bis zum Seemann. Zwischen Steuerrädern und Schiffsglocken fühlt man sich so richtig wohl.

Nach einigen Gläschen Korn und Bier kann man schon mal den Eindruck gewinnen, dass die von der Decke hängende Galionsfigur einem zuzwinkert. Und schmeißt ein Gast die Musikbox an und Freddy und Hans Albers schallen durch die Kneipe, dann wird es garantiert ein gelungener Abend.
Im Sommer kann der Gast im Biergarten sitzen und mit Blick aufs Hafenbecken ein frisch gezapftes Bier im Freien genießen.
www.krohns-eck.de

Salondampfer MS Hansa
Fischkai, Schaufenster Fischereihafen

Der Salondampfer liegt am Fischkai im Fischereihafen, direkt hinter dem Museumsschiff FMS Gera.
Die eleganten Salons mit maritimer Atmosphäre bieten dem Gast eine Gastronomie der gehobenen Kategorie für geschäftliche und private Veranstaltungen. Alle Gerichte werden an Bord in der Kombüse zubereitet. Angeboten werden Variationen vom Fisch, Fleisch oder von Meeresfrüchten an verschiedenen Kartoffelgerichten.
Im Sommer sitzt man entspannt an Deck und genießt das geschäftige Treiben im Fischereihafen.
Der Salondampfer steht auch für Charterfahrten zur Verfügung.
www.salondampfer-hansa.de

HERMINES GEHEIMNIS

Marita hatte sich so auf diese Reise nach Bremerhaven gefreut. Gemeinsam mit den Landfrauen in die Seestadt. Herrlich. Mal raus aus dem niedersächsischen Kuhkaff. Das hätte so schön sein können. Die Freude war ihr vergangen, als sie Hermine kurz vor der Abfahrt am Bahnhof erblickte. Das war mal wieder typisch. Das falsche Aas von Schwiegermutter hatte nichts verlauten lassen, dass sie ebenfalls an dieser Reise teilnehmen würde. Nun musste sie vorerst gute Miene zum bösen Spiel machen. Das war weiß Gott nicht einfach.

Seit Jahren wurde sie von Hermine traktiert. Sie ließ kein gutes Haar an ihr. Und Hartmut? Ihr Ehemann war ein Muttersöhnchen wie er im Buche stand. Nur einmal mochte sie erleben, dass er zu ihr und nicht zu der alten Scharteke hielt. Da würde sie wohl lange warten müssen. Die Alte hatte ihren Hartmut voll im Griff. Hermine würde sich auf dieser Fahrt als unbestechlicher Anstandswauwau aufführen, das war so sicher wie das Amen in der Kirche.

»Marita, setz dich zu mir.« Corinna, die Vorsitzende der Landfrauen und eine gute Freundin, klopfte auffordernd auf den Platz neben ihr. Nach einer informativen Rundfahrt mit dem **HafenBus,** befanden sie sich jetzt auf **Dicke Pötte Tour** mit dem **Motorschiff (MS) Geestemünde**.

Marita ignorierte das beleidigte Gesicht ihrer Schwiegermutter und folgte Corinnas Bitte. Das Schiff schaukelte sanft, die Sonne schien auf das gleißende Wasser. Die Möwen versuchten mit ihrem Geschrei das Geschnatter der Reisegruppe zu übertönen.

»Danke. Ich dreh durch, wenn ich die Spaßbremse noch länger ertragen muss.« Marita setzte sich neben Corinna und hielt das Gesicht in die Sonne.

»Bring sie um«, flüsterte Corinna verschwörerisch und lachte kurz auf.

»Wenn ich wüsste wie … Für den alten Drachen geh ich nicht in den Knast.«

Nach der Schleusung durch die Sportbootschleuse zog das Schiff an der **Kaiserschleuse** vorüber, und die Anlagen der **Überseehäfen** befanden sich vor ihnen. Am Kreuzfahrt-Terminal lagen zwei große Kreuzfahrtschiffe: Die Artania und die Albatros. Martina ergriff Fernweh. Jetzt weit weg sein. Weit weg von Hermine und deren Boshaftigkeiten.

Der Kapitän erklärte der gut gelaunten Damengruppe, dass hier, an der Columbuskaje, Elvis Presley 1958 als Soldat zum ersten Mal deutschen Boden betreten hatte. An der Kaje vom Kreuzfahrt-Terminal hängt zur Erinnerung eine **Elvis-Bronze-Tafel**.

»Only you«, summte Marita und dachte an schönere Zeiten, als Hartmut noch Eier gehabt und seiner Übermutti Paroli geboten hatte. Seit sein Vater gestorben war und Hermine bei ihnen im Haus wohnte, war es mit der schönen Zeit vorbei. Nach und nach, ohne dass Marita es anfangs bemerkt hatte, zog Hermine die Strippen. Hartmut wurde zur Marionette, was sie zur frustrierten Ehefrau und hasserfüllten Schwiegertochter mutieren ließ, die nichts zu sagen hatte. Es gab nichts, in das Hermine nicht ihre Nase steckte. »Ich meine es doch nur gut«, pflegte sie ihr Tun zu entschuldigen, und Hartmut glaubte ihr alle unverfrorenen Lügen. Das hatte Marita die Zeit zu dritt gelehrt. Es gab nur einen Menschen, mit dem Hermine es gut meinte: mit sich selbst.

»Marita, willst du mich etwa die ganze Fahrt über allein hier auf dem Deck sitzen lassen? Komm her zu mir!« Der Befehlston durchbohrte Maritas Gedanken wie ein vergifteter Pfeil. Angewurzelt blieb sie sitzen.

»Mensch, Hermine, nun lass Marita doch mal in Ruhe. Du hast sie doch jeden Tag. Wir wollten uns gerade ein Bier holen.«

»Alkohol am helllichten Tag? Wollt ihr euch besaufen? Wenn ich das Hartmut erzähle …«, entrüstete sich Hermine.

»Mensch, Hermine, auf deine Ansagen können wir verzichten, die will keiner hören. Stell dir vor, Marita ist schon groß«, sprang Corinna für die Freundin in die Bresche und beobachtete amüsiert, wie Hermine beleidigt den Kopf in den Nacken legte und empört nach Luft schnappte. Für einen kurzen Moment hatte sie den alten Drachen mundtot gemacht. Soll sie nur meckern. Sie würde sich jetzt mit Corinna ein Bier holen gehen. Marita folgte der Freundin unter Deck und ließ einen Schwiegerdrachen zurück, der garantiert nach Rache dürstete.

»Die Alte ist wieder auf Krawall gebürstet.«

»Die soll mal ganz ruhig sein. Ich könnte dir Dinge über deine Schwiegermutter erzählen, da würdest du vom Glauben abfallen. Die hat eine ganz fette Leiche im Keller.«

Marita starrte Corinna überrascht an. »Erzähl.« Sollte Hermine etwas zu verbergen haben? Das wäre der Knüller.

»Du kannst das nicht wissen. Damals hast du ja noch in der Stadt gewohnt … Na ja, deine Schwiegermutter war früher ein ganz wilder Feger. Die scharfe Hermine, wie das Dorf sie nannte, hat nichts anbrennen lassen. Die ist nicht so bieder und harmlos wie sie tut.«

»Quatsch.« Marita glaubte an einen Spaß. Hermine ein scharfer Feger? Das konnte nicht sein.

»Ehrlich. Alle schweigen, du weißt ja inzwischen wie das bei uns im Dorf zugeht.«

»Spann mich nicht auf die Folter.«

»Es gibt da ein Geheimnis …«

»Ist die alte Nebelkrähe fremd gegangen?«, spottete Marita. Das konnte sie sich beim besten Willen nicht vorstellen.

»Da liegst du nicht ganz falsch. Aber vorher hol ich

uns erst mal zwei Kurze. Wirst du brauchen.« Während Corinna Marita flüsternd das schier unglaubliche Geheimnis von Hermine anvertraute, bestaunten die Landfrauen riesige Containerschiffe, die an der Stromkaje lagen und be- und entladen wurden. Richtig dicke Pötte, an denen sie ganz dicht vorbeifuhren.

Als die Geestemünde anlegte, war Marita im Bilde und musste die Neuigkeit erst mal verarbeiten.

Wehe, wenn sie los gelassen! Die Landfrauen amüsierten sich königlich. **Die letzte Kneipe vor New York** im Kaiserhafen war proppenvoll. Am Nebentisch saß eine männliche Touristengruppe, deren Mitglieder sich als eifrige Tänzer entpuppten. Einer der Herren, der sich Marita als Wolfgang vorstellte, holte sie immer wieder zum Tanzen. Für Stimmung sorgte eine kleine Band mit ihrer Frontfrau Bruni, auch »Trude Herr des Nordens« genannt. Die brachte Schwung in die Hütte und rockte mit Schlagern und Seemannsliedern den Saal.

Hermine saß mit zusammengekniffenem Mund am Tisch, der vor dem Meeresaquarium stand, und beobachtete argwöhnisch das muntere Treiben. Ihr Gesicht rötete sich zusehends. Nachdem der tanzwütige Wolfgang Marita wieder an den Tisch gebracht hatte, schnappte Hermine nach Luft. »Ruf ein Taxi! Mir ist nicht gut, lass uns sofort ins Hotel zurückfahren.« Das Wort »bitte« existierte nicht in ihrem Wortschatz.

»Was? Das ist nicht dein Ernst.«

»Mein voller Ernst. Es ist mir zu heiß hier und die Musik ist so laut. Ich halt das nicht aus.«

Und ich halte dich nicht mehr aus, dachte Marita aufgebracht. Jetzt wollte sie ihr auch noch den Spaß verderben. Den Hals sollte man ihr umdrehen.

Die gesamte Frauenriege blickte gespannt und gleichzeitig neugierig auf Marita, der man den kurz bevorstehenden Tobsuchtsanfall ansehen konnte.

»Das kann doch wohl nicht wahr sein. Wenn es dir nicht gut geht, dann hättest du gleich im Hotel bleiben sollen. Du glaubst doch wohl nicht, dass ich mir von dir den Abend versauen lasse«, trumpfte Marita auf und sah Beifall heischend ihre Freundinnen an, die zustimmend nickten.

Hermine schnappte nach Luft. »Doch, das glaube ich. Du kannst mich doch nicht allein ins Hotel schicken. Ich werde Hartmut sagen, dass du mich allein gelassen hast, als es mir schlecht ging.«

»Mensch, Hermine, nun lass Marita doch mal ihren Spaß«, mischte sich Corinna ein.

»Wenn der Spaß darin besteht, mit fremden Männern zu poussieren, dann hört für mich der Spaß auf. Marita ist schließlich verheiratet. Das soll sie mal nicht vergessen. Und eins lasst euch gesagt sein: Ich habe alles gesehen, was ihr hier so treibt. Das letzte Wort ist noch nicht gesprochen.« Theatralisch fasste sie sich an die Stelle, an der bei anderen das Herz saß und schnaufte unüberhörbar.

»Nun reg dich wieder ab und spiel nicht die Heilige.« Corinna kam in Form und ließ sich keineswegs durch Maritas beschwörenden Blick stoppen. »Du bist alt und verbittert und lässt deine Launen an Marita aus. Kann es sein, dass du Probleme mit deinem Alter hast?«

Das hatte gesessen. »Du dumme Deern, was bildest du dir denn ein? Ungehörig bist du. Marita tut das, was ich sage und damit basta. Komm, Marita, wir gehen. Oder willst du Schuld daran sein, wenn mich hier der Schlag trifft?« Taumelnd stand sie auf und machte Anstalten, den Tisch zu verlassen.

Marita kannte die Spielchen ihrer Schwiegermutter zur Genüge. Der Einzige, der noch darauf reinfiel, war Hartmut. Bei ihm zog diese Masche immer.

»Nun bleib mal auf dem Teppich, Hermine. Gönn deiner Schwiegertochter mal etwas Spaß. Zu Hause hat sie ja nichts zu lachen.« Corinna wagte sich ziemlich weit aus dem Fenster.

»Corinna hat recht. Ich darf doch wohl noch tanzen.«

»Tanzen nennst du das? Du schmeißt dich ja geradezu an den Kerl ran. Du solltest dich was schämen.«

»Ach, das ist der Grund für deine Herzschmerzen. War ja klar. Ruf mal gleich Hartmut an und erzähl ihm alles brühwarm. Aber dann werde ich ihm auch was erzählen, und das dürfte ihm und dir gar nicht gefallen.« Marita sah ihre Schwiegermutter bedeutungsvoll an.

»Ha, was willst du ihm denn schon erzählen?« Das klang kämpferisch. Vom schwachen Herzen war nichts mehr zu ahnen.

»Vielleicht dein streng gehütetes Geheimnis? Ich denke, du weißt was ich meine …«

Hermines Gesichtsfarbe wechselte von Rot auf Dunkelrot. Sie stand nun wirklich kurz vor einem Herzinfarkt. Und auf einmal war es still am Tisch. Marita sah erschrocken in die Runde. Was war nur in sie gefahren? Sie wollte die Bombe auf keinen Fall schon jetzt platzen lassen. Sie hatte sich fest vorgenommen, mit ihrem Wissen zu warten, bis der richtige Moment gekommen war. Nun war Schadensbegrenzung angesagt. »Ich hab doch nur einen Spaß gemacht. Komm, ich geh mit dir mal raus, frische Luft schnappen, das wird dir guttun.« Marita fasste Hermine unter und ging mit der nach Luft ringenden Schwiegermutter vor die Tür. Als Marita den Gastraum wieder betrat, war die Stimmung ausgelassen. Bruni stand mit Mikrofon am Tisch der Landfrauen, die mit leuchtenden Augen zu *Heut' Abend, hab ich Kopfweh* mitsangen und im Takt klatschten. Ein Lied, dessen Inhalt allen aus der Seele zu sprechen schien und so mancher schon als Ausrede gedient hatte.

»Wo hast du die alte Spaßbremse denn gelassen?«, wollten die Frauen neugierig wissen.

»Sie hat sich ein Taxi gerufen und ist allein ins Hotel gefahren. Ihr werdet es mir nicht glauben, sie reist gleich morgen früh ab.«

Allgemeines Klatschen galt Marita, die sich erleichtert wieder an den Tisch setzte.

»Jetzt geht die Party richtig los, der Abend fängt erst an.« Bruni setzte noch einen drauf und rockte den Saal. Schnell war der Streit zwischen Hermine und Marita vergessen. Ein unvergesslicher Abend nahm seinen Lauf. Für Marita in zweierlei Hinsicht.

Am nächsten Morgen saß Marita im Hotelzimmer und starrte aus dem Fenster. Hermines Bett war unberührt. Sie sah das entgeisterte Gesicht ihrer Schwiegermutter wieder vor sich, als sie ihr gestern Abend vor der Kneipe mitgeteilt hatte, dass sie ihr Geheimnis kannte. Jahrelang hatte Hermine ihren ahnungslosen Ehemann mit dem Bürgermeister betrogen. Hartmut hatte sie ihm unverfroren als Kuckuckskind untergeschoben. Wie niederträchtig war das denn? So ganz hatte Marita Corinna die Geschichte nicht abnehmen wollen. Aber Hermines Reaktion hatte alle Zweifel zerstreut.

Hermine war komplett ausgerastet und nicht zu bremsen gewesen. Es war zum Kampf gekommen. Wie eine Furie war Hermine auf sie losgegangen, hatte auf sie eingeschlagen, ihr die Handtasche über den Kopf gezogen und sie Richtung Hafenbecken geschubst.

»Ich habe mich nur gewehrt«, flüsterte Marita, zog ihre Windjacke an und verließ das Hotelzimmer. Heute stand das **Deutsche Auswandererhaus** auf dem Programm.

HafenBus

Der HafenBus (ein Doppeldecker) fährt die Gäste während einer 120-minütigen Stadtrundfahrt durch den Überseehafenbereich, über das beeindruckende Container-Terminal, das Auto-Terminal mit dem Bereich High&Heavy und zur Lloyd-Werft.
Die Fahrt geht auch durch absolutes Sperrgebiet im Hafen, das nur Betriebsangehörige betreten dürfen, und bietet damit dem Besucher einen nicht alltäglichen, spannenden und außergewöhnlichen Einblick.
Das Container-Terminal ist einer der größten Containerhäfen der Welt. Riesige Containerschiffe werden hier be- und entladen. Der Bus fährt bis vor die hohen Containerbrücken. Sie sind also mittendrin im Geschehen.
Auf dem riesigen Auto-Terminal dreht sich alles um den Ab- und Weitertransport des Deutschen liebsten Fortbewegungsmittels.
Auf der Lloyd-Werft werden Kreuzfahrtschiffe umgebaut oder repariert. Sie ist auch bekannt für ihre »Schiffs-Verlängerungen«: Das Schiff wird in zwei Hälften getrennt, sodass ein neues Mittelstück eingefügt werden kann. Während der Tour sind Schwimm- und Trockendocks zu sehen. Kompetente und sachkundige Reiseleite-

rInnen begleiten die Tour, erklären alle Abläufe und beantworten gern die Fragen der Gäste.
Tickets: Tourist-Info im Schaufenster Fischereihafen. Dort ist auch der 1. Zustieg.
2. Zustieg: Deutsches Schiffahrtsmuseum (10 Minuten nach Abfahrt 1)
3. Zustieg: Zoo am Meer (15 Minuten nach Abfahrt 1)
Abfahrten: 11 Uhr, 14 Uhr und 16.30 Uhr
Während der Ferienzeiten ist es ratsam, die Tickets rechtzeitig zu besorgen.

Dicke Pötte Tour

Täglich um 14 Uhr legt die MS Geestemünde am Anleger im Neuen Hafen zur Dicke Pötte Tour ab. Die Tour vermittelt ein unverwechselbares maritimes Erlebnis mit fachlicher Information. Die Weserrundfahrt führt entlang der großen Hafenanlagen und der längsten Containerkaje der Welt. Dort können Sie das Be- und Entladen der Frachtschiffe aus aller Herren Länder sowie Kreuzfahrtschiffe, Schlepper, Bulk-Carrier und Feeder-Schiffe beobachten. Hier pulsiert der maritime Welthandel. Die Kajen an der Weser erleben einen ständigen Schiffsverkehr.
Auf der Rückfahrt können Sie die Ruhe auf der Außenweser genießen und mit viel Glück lassen sich sogar Robben und Schweinswale blicken.

Für die Passagiere befindet sich eine Gastronomie an Bord.
Die Tour dauert zirka zwei Stunden.

MS Geestemünde

Der Liegeplatz der MS Gestemünde befindet sich direkt in der Innenstadt an der Weserseite des Neuen Hafens bei der Schleuse am Simon-Loschen-Leuchtturm. Am Schiff und in unmittelbarer Nähe befinden sich zahlreiche Parkplätze, ein Parkhaus und Haltestellen des ÖPNV.
Die MS Geestemünde ist im Bereich des Hauptdecks ein barrierefreies Schiff, für Rollstuhlfahrer und Nutzer von Rollatoren geeignet.
Auf der MS Geestemünde finden bis zu 150 Passagiere Platz. Im Panoramasalon Preussen, der guten Stube, können 70 Passagiere ein reichhaltiges Getränkeangebot, Kaffee und Kuchen sowie Snacks und Süßigkeiten genießen.
http://ms-geestemuende.de

Kaiserschleuse

Die Kaiserschleuse ist eine Schiffsschleuse, die zusammen mit der etwas nördlicher liegenden Nordschleuse die Weser mit dem tideunabhängigen Teil des Überseehafengebietes verbindet. Von 2007 bis 2011 wurde die Kaiserschleuse auf eine Durchfahrtsbreite von 55 Metern und eine Länge von 305 Metern erweitert.

Überseehäfen

Die Überseehäfen sind mit einer Größe von 9,6 Millionen Quadratmetern die größte Hafenanlage Bremerhavens. Sie setzen sich zusammen aus Container-Terminal, Auto-Terminal, Ro-Ro-Anlagen, Frucht-Terminal, Stückgut-Terminal und Kreuzfahrt-Terminal.

Container-Terminal:

Die längste zusammenhängende Stromkaje der Welt befindet sich am Bremerhavener Container-Terminal *Wilhelm Kaisen*. Sie bietet 15 Liegeplätze für Großcontainerschiffe von jeweils bis zu 350 Metern Länge, die wiederum bis zu 8.000 Standardcontainer laden können. Die Hafenanlage hat eine Gesamtlänge von fast fünf Kilometern.
Im Jahr 2014 wurden 5,79 Millionen Standardcontainer bewegt.

Auto-Terminal:

Eine der größten Automobildrehscheiben der Welt befindet sich im Bremerhavener Überseehafen. Über zwei Millionen Quadratmeter Fläche stehen zur Verfügung. Hier werden jährlich 1,3 Millionen Autos umgeschlagen. Nobelkarossen von DaimlerChrysler und BMW stehen für den Export bereit, während fast alle japanischen und koreanischen Marken aus dem Import stammen. Spezialparkhäuser bieten Platz für 50.000 Autos. Eine beeindruckende Blechlawine von zirka 60.000 Kraftfahrzeugen parkt auf großen Freiflächen. Autos, so weit das Auge reicht.

Frucht-Terminal:

Obst aus Übersee wird mit großen Kühlschiffen nach Bremerhaven gebracht, um von hier aus nach Nord- und Osteuropa weiter geliefert zu werden. Über 300.000 Tonnen Südfrüchte werden jährlich über den Bananen-Terminal importiert. Bremerhaven besitzt eine der größten geschlossenen Container-Umschlagsanlagen der Welt und den bedeutendsten Umschlagplatz für temperaturgeführte Güter in Deutschland. Im BLG Coldstore, dem größten gewerblichen Kühlhaus der Region, lagern bis zu 33.000 Paletten mit Kühl- und Tiefkühlware.

Kreuzfahrt-Terminal:

Columbuskaje 1

Millionen von Auswanderern traten von hier aus den Weg in die neue Heimat an. Die Columbuskaje war die Kaje der Tränen, der Hoffnung und des Glücks.

Berühmte Schnelldampfer des Norddeutschen

Lloyd machten einst an der Columbuskaje fest. Berühmte Passagierdampfer wie die *Bremen*, *Europa* und *Columbus* brachen von der Columbuskaje zur Atlantiküberquerung auf. Heute starten elegante Kreuzliner von hier aus nach Dänemark, Norwegen, Großbritannien, Polen, Niederlande, Belgien oder Spanien. Bis zu vier Kreuzfahrtschiffen bietet die zirka 1.000 Meter lange Kaje gleichzeitig Platz.

Elvis Presley betrat 1958 als GI der U.S. Army auf der Columbuskaje erstmals deutschen Boden.

Im Columbus Cruise Center stehen ein großzügiger Check-in und Wartebereich für zirka 4.000 Passagiere bereit. Modernstes Equipment für den Transport und die Beladung von Gepäck, sowie wetterunabhängige Passierbrücken erleichtern das Ein- und Auschecken.

Das Café mit Blick auf Weser und Schiffen ist an Abfahrtstagen geöffnet.

Die Kreuzliner können am Terminal nach vorheriger Anmeldung bei den Veranstaltern besichtigt werden.

Interessant auch die Besuchergalerie oder der Container-Aussichtsturm:

Besuchergalerie Kreuzfahrt-Terminal Bremerhaven

Steubenstraße

Von der Besuchergalerie des Kreuzfahrt-Terminals können Schaulustige die dort festgemachten

Ozeanriesen bestaunen. Die Galerie ist während der Öffnungszeiten des Columbus Cruise Centers und während der An- und Abfahrtstage der Kreuzfahrtschiffe zugänglich. Der Zugang erfolgt über die Steubenstraße, Eingang Hanseatisches Bremisches Hafenamt. Die Galerie befindet sich in der vierten Etage und ist mit einem Fahrstuhl erreichbar.
Weitere Infos: www.cruisport.de

Container-Aussichtsturm

Steubenstraße, zwischen Nordschleuse und Verbindungshafen
Von der Plattform des Container-Aussichtsturms haben die Besucher einen Rundblick auf Container-Terminal, Auto Terminal, Werft, Schleusen und Kreuzfahrt-Terminal. Die Plattform besteht aus 8 mal 40 Fuß Containern und 4 mal 20 Fuß Containern und ist 15 Meter hoch. Auf der Plattform befinden sich Fernglas und Karte (unter Glas) mit entsprechender Beschreibung.
Öffnungszeiten: März bis Oktober täglich 24 Stunden
November bis Februar geschlossen
Eintritt frei

Elvis-Bronze-Tafel

Elvis Presley kam am 1. Oktober 1958 auf dem Truppentransporter *General Randall* als Rekrut der amerikanischen Streitkräfte in Bremerhaven an. Er wurde an der Columbuskaje von Hunderten Fans enthusiastisch empfangen. An der Kaje vom Kreuzfahrt-Terminal befindet sich bei Meter 700 eine Gedenktafel aus Bronze. Die Gedenktafel ist nicht frei zugänglich. Bei guter Sicht kann sie per Fernrohr von der Besuchergalerie des Kreuzfahrt-Terminals gesehen werden.

Tafeltext:

›Hier ist
am 1. Oktober 1958
Elvis Presley, der König des Rock 'n' Roll,
an Land gegangen.‹

Letzte Kneipe vor New York

Franziusstraße 92, Überseehäfen

Die letzte Kneipe vor New York, auch Treffpunkt Kaiserhafen genannt, liegt direkt an der Alten Bananenpier im Kaiserhafen III und ist ein Muss für jeden, der Bremerhaven besucht. Die Seemanns-Kneipe ist Anziehungspunkt für Touristen und wird in der Saison von zahlreichen Touristenbussen angefahren. Hier treffen Sie auf ein bunt gemischtes Stammpublikum, denn die Bremerhavener besuchen gern ihre »Letzte Kneipe«.

Die Räumlichkeiten sind ausgestattet mit einem Sammelsurium an originalen maritimen Exponaten: unter anderem Galionsfiguren, Maschinentelegrafen, ein Radargerät und Nebelhorn sowie Taucheranzug mit Taucherhelm. Im Gastraum befindet sich ein über 2.000 Liter großes Meereswasseraquarium. Die Einrichtung stammt teilweise von Schiffen, wie zum Beispiel die Tische, an denen früher Passagiere der ehemaligen Ärmelkanal-Fähre *Stena Fiesta* speisten.

Das Restaurant bietet neben internationaler Küche eine rustikale norddeutsche Küche mit Hausmannskost und diversen Fischgerichten.

Zum besonderen Vergnügen wird ein Besuch, wenn Bremerhavens beliebte Sängerin Brunhilde Lüchau, auch Bruni, oder »Trude Herr des Nordens« genannt, mit Schlagern und Seemannsliedern den Laden rockt.

In der urigen Seemannskneipe wurden Fernsehproduktionen gedreht wie z. B. *Bruder Esel* mit Dieter Pfaff in der Hauptrolle oder die *Tatort*-Folge *Königskinder*.

durchgehend warme Küche

www.treffpunktkaiserhafen.de

Deutsches Auswandererhaus
Columbusstraße 65

Am 8. August 2015 feierte das Deutsche Auswandererhaus sein zehnjähriges Bestehen. In den zehn Jahren besuchten über zwei Millionen Menschen das Museum. 2007 wurde es als bestes europäisches Museum ausgezeichnet.

Hier begeben Sie sich auf eine Zeitreise und folgen den Spuren von mehr als sieben Millionen Menschen, die zwischen 1830 und 1974 Bremerhaven verließen, um in Übersee eine neue Heimat zu finden.

An der eindrucksvoll gestalteten Kaje spüren Sie die Trauer des Abschieds, schauen in teils furchtsame und nachdenkliche Gesichter der lebensgroßen und täuschend echt nachgebildeten Figuren. Sie begeben sich auf eine Zeitreise, die mit der Auswanderung im 19. Jahrhundert beginnt.

Zu Beginn Ihrer Zeitreise erhalten Sie einen »Boarding Pass«, nehmen so die Identität eines damaligen Auswanderers an und versetzen sich in dessen Schicksal. Sie folgen ihm auf dem Weg in die Neue Welt, erleben hautnah die beengten und bedrückenden Umstände an Bord, unter denen besonders mittellose Passagiere reisen mussten. Den Abschluss findet die Reise in einem Nachbau des Grand Central Terminal.

In einem neuen Ausstellungsgebäude können Sie einen Einwanderer auf seinem Weg nach Deutsch-

land begleiten. Am Ende des Rundgangs ist es Ihnen möglich, in zwei internationalen Datenbanken nach ausgewanderten Familienangehörigen zu suchen.
Drei Filme über die Schicksale von Auswanderern sind im Roxy-Kino, das den Charme eines Lichtspieltheaters der 50er-Jahre besitzt, zu sehen.
Regelmäßige Führungen für Kinder unterschiedlichster Altersgruppen bietet das museumspädagogische Programm. Das Kindermuseum kann für Kindergeburtstage gebucht werden.
www.dah-bremerhaven.de

MORD IM FUMMEL

Baby Jane, im wahren Leben Holger von Wackerstein, flatterte gehörig die Düse. Warum hatte er sich nur von Vera zum Coming-out überreden lassen? Ihre Argumente hatten ihn nach langem hin und her überzeugt. Seine große Schwester hatte ihn immer beschützt und verpasste keinen seiner Auftritte. Sie beriet ihn bei der Kleiderwahl, nähte ihm die aufwändigen Roben und gab ihm wertvolle Schminktipps. Auf sie war Verlass. Sie sah es an der Zeit, dass er endlich zu seiner Homosexualität und zu seiner Leidenschaft der Travestie stand.

Leichter gesagt als getan. Warum musste das Coming-out ausgerechnet zu Vatis 50. Geburtstag stattfinden? Vati würde durchdrehen. Sein Sohn eine Transe. Von Mutti erhoffte er sich ein klein wenig mehr Verständnis. Die gesamte Familie sowie zahlreiche Freunde waren zu Vatis Ehrentag eingeladen. Veras Geburtstagsüberraschung war eine Travestie-Show der Flitter-Glitter-Girls. Allein der Gedanke daran, setzte Angstschweiß frei. Seit zwei Jahren trat er gemeinsam mit Miss Lulu und Madame Giselle als Baby Jane auf. Er war das Küken der Gruppe und besaß bei Madame

Giselle Welpenbonus. Alles, was er konnte, hatte sie ihm beigebracht, während Lulu ihn ständig mobbte. Aber das hatte seinen Grund: Er hatte sie abblitzen lassen und das konnte Lulu nun mal gar nicht leiden.

»Vielleicht sind unsere Eltern sogar stolz auf dich«, hatte Vera fantasiert. Sie war schon immer eine Träumerin. Das glaubte sie doch selber nicht. Stolz? Vati würde vor Schreck einem Herzinfarkt erliegen und, sollte er den Schock überleben, ihn ohne Wenn und Aber enterben. Am liebsten würde er alles rückgängig machen. Nein, heute musste es sein. Das Versteckspiel musste ein Ende haben.

Mechanisch kämmte er sein Prachtstück, die schwarze Mireille-Mathieu-Echthaar-Perücke, die ein Vermögen gekostet hatte. Seine Glitzerfummel hingen frisch gereinigt am Schrank. Da war er eigen. Ganz anders als Miss Lulu, die alte Pottsau, die weder Perücken noch ihre müffeligen Fummel zwischen den Auftritten aus dem Koffer nahm. Dafür hatte er nun gar kein Verständnis.

Baby Jane flatterte wie ein hypernervöses Suppenhuhn durch die Gegend. Der Tag der Wahrheit. Sein ehemaliges Jugendzimmer hatte er kurzerhand zur Garderobe umfunktioniert. Bisher hatte kein Familienmitglied bemerkt, was vor sich ging. Eigentlich ein Wunder, denn hier öffnete jeder jede Tür, egal, was sich dahinter verbarg. Bei seinen Eltern zu Hause gab es keine Geheimnisse. Ein Trugschluss, wie sich heute noch herausstellen sollte.

Miss Lulu beschimpfte Madame Giselle auf das Übelste. Alles wie immer. Lulu war ein Biest, hinterhältig und intrigant. Sie schob seit der Gründung der Flitter-Glitter-Girls Hass auf Giselle, denn die war der Star der Truppe, das Zugpferd, eine richtige Rampensau. Jahrelang war sie auf der Reeperbahn und in einschlägigen Klubs in Berlin aufgetreten. Zugegeben, zu der Zeit war sie wesentlich jünger gewesen. Heute war sie die Älteste des Trios, hatte aber noch alles drauf. Durch und durch Profi, da konnte Lulu noch so lästern.

»Du abgetakelte alte Schwuchtel, meinst du nicht, es wird Zeit, dass du endlich mal abdankst? Dich will doch keine Sau mehr sehen«, kam es wie immer sehr direkt von Lulu, während sie ein schrilles zerknittertes Kleid aus dem Koffer zerrte.

»Das hättest du wohl gern.« Giselle blieb gelassen und rasierte sich in aller Ruhe Brust und Beine. »Wie findet ihr meinen neuen Fummel? Habe ich gestern noch schnell genäht.«

»Oh, Madame spielt sich wieder als Modezarin auf. Die Naht ist schief«, lästerte Lulu und zupfte an Giselles Kleid herum. »Mein Gott, wie unterirdisch.«

»Lass Giselle in Frieden. Guck dich selbst mal an. Bei deinem Brust-Toupet kriegt man ja Augenkrebs«, mischte sich Baby Jane mutig ein. Sie ließ nichts auf Giselle kommen. »Und fetter geworden bist du auch schon wieder.«

»Halt am besten die Klappe, wenn sich Erwachsene unterhalten.« Lulu zwängte sich in ein tailliertes

Abendkleid und blieb prompt drin stecken. »Hilft mir mal einer von euch Hasen?«

»Friss weniger.«

Mit einem Ratsch platzte Lulus Rückenteil auf. Die aufgeklebten Pailletten flogen durch die Gegend.

Giselle und Baby Jane machten keine Anstalten, Lulu zur Hilfe zu eilen.

»Herzilein, bitte …«, jammerte Lulu und drehte sich hilfesuchend zu Baby Jane um. »Zieh doch mal.« Hektisch zerrte sie an ihrem Kleid. Als dann auch noch die Schaumgummimöpse herausfielen, lagen Baby Jane und Giselle vor Schadenfreude auf dem Boden.

»Jetzt verliert sie auch noch ihre versifften Titten. Vielleicht solltest *du* mit der Travestie aufhören. Ich bin im Gegensatz zu dir nicht aufgegangen wie ein Hefekloß.« Giselle hob die durch alten Schweiß angeschmuddelten Schaumgummi-Teile mit spitzen Fingern auf und warf sie Lulu vor die Füße. »Keine Falte!« Giselle sah triumphierend in den Spiegel und pinselte mit Lipgloss ihre Lippen blutrot. »Das mach mir mal einer nach.«

»Wie oft hast du dich noch mal liften lassen? Drei Mal?«

»Neidisch? Dein Gesicht sieht aus wie ein alter Lampenschirm.« Routiniert klebte Giselle sich die falschen Wimpern fest und sah Lulu triumphierend an. »Na? Wie seh ich aus?«

»Beschissen, wie immer.« Lulu hatte sich inzwischen von dem aufgerissenen Kleid befreit, kramte wild, nur mit einer Strumpfhose bekleidet, in ihrem Koffer herum und schmiss Perücken und Fummel durch die Gegend. Sie wurde fündig. Das Zarah-Leander-Kleid war einigermaßen glatt.

»Von dir hab ich auch keinen anderen Kommentar erwartet.« Mit Schwung setzte Giselle sich eine Lale-Andersen-Perücke auf. »… vor dem großen Tor, stand **eine Laterne** …« Sie sang sich stimmgewaltig ein. Im Gegensatz zu Lulu brauchte sie kein Vollplayback.

»Welche Lieder singst du noch?«, wollte Baby Jane wissen.

»Ich bin die fesche Lola«, trällerte Giselle. »Meine Glanzrolle: Ohne Marlene geht gar nichts.«

»Scheiße, alles kraus«, meldete Lulu sich zu Wort.

»Kein Wunder, vielleicht solltest du deine Kleider mal reinigen und auslüften. Die stinken wie ein ganzer Biberbau.« Angewidert sah Baby Jane Lulus Treiben zu.

»Die sollte sich selber zum Auslüften auf den Balkon stellen«, lästerte Giselle.

Der übliche Transen-Zoff kam jetzt so richtig in Fahrt.

»Kommt, ihr Hasen, lasst das Zicken und vertragt euch. Die Show geht gleich los.« Baby Jane, inzwischen zu Mireille Mathieu verwandelt, füllte drei Sektgläser und stellte sie auf den Schminktisch.

»Die Nutten-Bouillon kannst du selber schlürfen.« Lulu zog eine halb gefüllte Whiskyflasche aus dem Koffer und setzte sie an die Lippen.

»Sauf nicht so viel. Nachher kannst du deinen Text wieder nicht.«

»Das lass mal meine Sorge sein, Liebchen.« Lulu wischte sich nicht gerade damenhaft mit dem Ärmel über die Lippen.

»Ach stimmt ja, du machst ja nur den Mund auf und zu. Singen kannst du ja gar nicht. Das macht alles dein Voll-Playback.« Damit hatte Giselle Lulus wunden Punkt getroffen.

»Schnauze!«

»Von uns trägt dich keiner auf die Bühne. Und nun sieh zu, dass du fertig wirst.«

Baby Jane trippelte nervös von einem Bein aufs andere. »Ihr Süßen, tut mir bitte einen Gefallen, nehmt heute keine bösen Wörter in den Mund.«

»In den Mund nehm ich ganz was anderes, Kleiner.« Lulu spielte anzüglich mit der Zunge. »Herzilein, was sind denn böse Wörter?«

»Na ja, das Wort mit F, du weißt schon … Meine Mutti wird tot vom Stuhl fallen.«

»Seine Mutti, wie süß. An welchem Rad drehst du denn? Das Publikum will versaute Sprüche. Travestie lebt von der Frivolität. Das muss ich dir doch nicht erzählen.«

»Das ist hier aber keine normale Show. Meine Eltern und deren Freunde waren garantiert noch niemals in einer Travestie-Show.«

»Papperlapapp. Sollst mal sehen, wenn ich mich auf Vatis Schoß setze und ihn so richtig heiß mache. Der geht ab wie ein Zäpfchen.« Lulu ließ ihren Unterleib kreisen und grinste gemein. Sie freute sich schon diebisch auf ihre Show. Noch ahnten die beiden nicht, was sie vorhatte.

Baby Jane wurde leichenblass vor Schreck. »Das machst du nicht. Bitte, versprich mir das.« Sie warf sich vor Lulu auf die Knie und faltete die Hände wie zum Gebet.

»Und ob ich das mache.«

»Wenn du das machst, dann bring ich dich um, ich schwör's dir.«

Giselle, die dem Disput der beiden still gefolgt war, hatte Mitleid mit Baby Jane. Aber da musste sie jetzt durch. Baby Jane konnte nicht ständig ein Doppelleben führen. Das würde nicht länger gut gehen. Dieser Abend würde Klarheit bringen, egal was danach passierte. Sie hoffte für ihren Schützling nur das Beste. Sie musste Lulu im Auge behalten, die führte etwas im Schilde, und bestimmt nichts Gutes, das spürte sie.

»Mir ist so schlecht. Ich sterbe.« Baby Jane spürte Brechreiz. Ihr Darm arbeitete auf Hochtouren.

»Was bist du bloß für eine Pussy.« Lulu konnte es nicht lassen.

»Du stirbst nicht. Du nicht, mein Hase.« Giselle, die Lulu um zwei Haupteslängen überragte, baute sich in ganzer Größe drohend vor ihr auf. »Lass Baby Jane in Ruhe. Du bekommst es sonst mit mir zu tun, das schwör ich dir.«

Lulu sah zu Giselle auf und äffte sie provozierend nach: »Das schwör ich dir, das schwör ich dir. Wie blöd ist das denn?«

Hubert Kruckenberg, Kriminalhauptkommissar beim Bremerhavener 3. Kommissariat für Tötungs-, Sexual- und gefährliche Körperverletzungsdelikte, suchte nach einem Parkplatz hinter der **Großen Kirche**. Im Dienst ein harter Hund, privat ein Schöngeist. Er konnte beides gut trennen. Seit Jahren war er Mitglied im Bremerhavener Kunstverein, im Freundeskreis Paul Ernst Wilke, der für das **Wilke-Atelier** zuständig ist, und im Bachchor. Er war auf dem Weg zur Generalprobe für das diesjährige Weihnachtskonzert und freute sich auf die Probe. Allerdings hatte sich die Kollegin Butenschön krankgemeldet und er musste ihren Bereitschaftsdienst übernehmen. Wird schon gut gehen, beruhigte er sich und parkte seinen altersschwachen Opel in eine gerade frei gewordene Parklücke.

Gut gelaunt und *Nun komm, der Heiden Heiland* vor sich hin summend, umrundete er das rote, neugotische Backsteingebäude. Als auf einmal sein Handy klingelte. Das konnte nichts Gutes bedeuten. Zu diesem Zeitpunkt ahnte er noch nicht, welche kuriosen Überraschungen der Abend für ihn bereithielt.

Kruckenberg fand die angegebene Adresse der Stadtvilla im Bürgerparkviertel schnell. Das war ihm auch noch nicht untergekommen: Eine tote Transe im gutbürgerlichen Stadtteil.

Er dachte an seine Kollegin Mona Butenschön, die Travestie-Aufführungen liebte. Er konnte dem Spektakel nichts abgewinnen. Kerle, die sich in Frauenkleider schmissen und Schlagersängerinnen kopierten, waren ihm zum Fremdschämen peinlich.

Die Kollegen der Spurensicherung waren schon vor Ort. Als er die weiträumige Diele betrat, kam ihm eine gut erhaltene Mitvierzigerin entgegen. Er stutzte. Oh nee: Frau Dr. von Wackerstein, seine Hausärztin. Sie kannte nicht nur seinen in die Jahre gekommenen nackten Astralkörper, sondern war auch über seine Prostatabeschwerden im Bilde. Wie peinlich war das denn.

Völlig aufgelöst führte sie ihn ins Esszimmer, das auf verblüffende Weise der Bühne eines Boulevard-Theaters glich. Gäste im Schockzustand, der Hausherr, Dr. Guido von Wackerstein, volltrunken und weinerlich von einem schwulen Sohn faselnd. Mireille Mathieu und Marlene Dietrich händchenhaltend, einträchtig nebeneinandersitzend. Und der Knüller: Zarah Leander tot im Torten-Buffet.

»Mein Sohn – eine Tunte, ein Transvestit«, jammerte von Wackerstein und schlug rhythmisch mit der Stirn auf den Esstisch. »So eine Blamage, so eine Blamage, so …«

»Kannst du mal mit dem Gejammer aufhören? Unser Sohn ist schwul, aber kein Transvestit«, schrie

Frau Dr. von Wackerstein hysterisch und schlug mit der Faust auf den Tisch. »Den Unterschied zwischen einem Transvestiten und einem Travestie-Künstler wirst du als Mediziner doch kennen. Wir haben wirklich andere Probleme.«

Ein Käfig voller Narren, dachte Kruckenberg amüsiert. Das kann ja heiter werden. Kollegin Butenschön würde sich ärgern, dass ihr dieses Spektakel entging.

»Wie ist sie … äh, wie ist er ermordet worden?«, wollte Kruckenberg von der jungen Rechtsmedizinerin wissen, die sich im Aufbruch befand.

»Vermutlich vergiftet. Keine äußeren Verletzungen. Der Abtransport in die Gerichtsmedizin ist organisiert.« Sie gab Kruckenberg zum Abschied die Hand. »Viel Spaß. Und immer schön mit dem Rücken an der Wand bleiben.«

Zarah Leander, alias Miss Lulu, mit bürgerlichem Namen Markus Glied, hatte keine Freunde unter den Beteiligten gehabt. Da war sich Kruckenberg nach den ersten Vernehmungen sicher. Es war weit nach Mitternacht, als er und zwei Kollegen seines Kommissariats endlich mit den ersten Befragungen der Anwesenden fertig waren. Nach allem, was er über den Verlauf des Abends gehört hatte, bedauerte er fast, dass er bei dieser skurrilen Veranstaltung nicht dabei gewesen war. Bisher war sicher, dass sich Baby Jane ausgerechnet auf der Geburtstagsfeier seines Vaters hatte outen wollen. Das war gründlich danebengegangen. Nach glaubwürdigen Zeugenaussagen war ihm Miss Lulu zuvorgekommen. Schon ziemlich abgefüllt, hatte sie das Geheimnis auf perfide Weise gelüftet. Im Plauderton hatte sie die entgeisterten Zuschauer über die sexuellen Neigungen von Baby Jane aufgeklärt und pikante Details zum Besten gegeben. Damit nicht genug, hatte sie die Eltern von Holger, Charlotte und Guido von Wackerstein, auf das Übelste beschimpft und Madame Giselle als abgehalfterte Tunte, die getrennt von ihren Zähnen schlafen geht, beschrieben. Der Spuk war erst vorbei, als sie mit einem donnergleichen »Davon geht die Welt nicht unter …« auf den Lippen tot in dem liebevoll arrangierten, sahnelastigen Konditorenkunstwerk landete.

Der Obduktionsbefund lag Hubert Kruckenberg vor. Markus Glied alias Miss Lulu war ordinärer Leberwurst, die mit der giftigen Pflanze Roter Fingerhut vermischt worden war, zum Opfer gefallen.

Roter Fingerhut, überlegte Kruckenberg. Wuchs der nicht auch in seinem Garten? Google klärte ihn auf: Roter Fingerhut war hochgiftig. Der Verzehr von zwei bis drei Blättern konnte tödlich sein. Symptome: Delirium, Halluzinationen, Herzrhythmusstörungen oder plötzlicher Herztod.

Zunächst war Dr. Guido von Wackerstein für Kruckenberg der Hauptverdächtige. Für ihn musste der Abend das blanke Horrorszenario gewesen sein, ausgelöst durch Miss Lulus skandalösen Auftritt und ihre peinlichen Enthüllungen. Schnell stellte sich heraus, dass er es nicht gewesen sein konnte, da alle Beteiligten übereinstimmend erklärten, dass er viel zu betrunken gewesen war und während der Tatzeit das Zimmer nicht verlassen hatte. Letzteres galt auch für seine Ehefrau Charlotte. Die Tochter des Hauses war nicht anwesend. Sie hatte nach Zeugenangaben sofort nach Lulus erstem Auftritt das Haus verlassen.

Da der Catering Service keine Leberwurstbrote geliefert hatte, musste der Mörder die Leberwurst mitgebracht haben.

Kruckenberg brütete über den Vernehmungsprotokollen der Hauptverdächtigen. Baby Jane, alias Holger von Wackerstein, hatte in den Augen des Kommissars Grund genug, seinen Travestie-Kollegen um die Ecke zu bringen. Der Tote hatte ihm auf das Übelste mitgespielt. Wem wäre da nicht die Hutschnur geplatzt? Aber Mord?

Madame Giselle schien ihm zu abgeklärt. Nach eigenen Aussagen hatte sie sich längst an die Gehässigkeiten des Toten gewöhnt und stand mit Leichtigkeit darüber. Sie war der Star und daran konnten Lulus ausfallende Angriffe nichts ändern. Sie hatte zugegeben, äußerst empört über den peinlichen Auftritt der Toten gewesen zu sein, den Mord stritt sie vehement ab.

Kruckenberg dachte an die gestrige Vernehmung im Kommissariat. Er hatte Madame Giselle, mit bürgerlichem Namen Heinz Hesse, am Tatabend in großer Robe als bildhübsche, perfekt geschminkte Frau zum ersten Mal gesehen. Der Paradiesvogel hatte auf irritierende Art, die er sich nicht erklären konnte und über die er auch nicht nachdenken wollte, äußerst erotisch auf ihn gewirkt. Das würde er natürlich niemals zugeben. Und gestern folgte die große Überraschung: Heinz Hesse war in bürgerlicher Kleidung eher unauffällig. Groß und kräftig, graue Haare und Durchschnittsgesicht.

Blieb der Sohn als Hauptverdächtiger. Im Garten der Villa wuchs Roter Fingerhut und laut Spurensicherung waren frische Schnittstellen an den Stielen vorhanden. Von dem Fingerhut hätte Holger von Wackerstein wissen können. Doch woher kam die Leberwurst? Nach übereinstimmenden Aussagen aß man im Hause von Wackerstein keine toten Tiere. Das Ärztepaar lebte vegan. Kruckenberg, als bekennender Fleischesser, schüttelte sich bei dem Gedanken.

Was war mit Vera von Wackerstein? Als liebende Schwester hätte sie auch einen Grund gehabt, den Mord zu begehen.

Der Verdacht, dass der Mörder die Leberwurst mitgebracht hatte, verdichtete sich. Aber warum musste Markus Glied gerade an diesem Abend ins Gras beißen? Wenn man allerdings berücksichtigte, wie beleidigend er sich benommen hatte, käme auch eine spontane Tat infrage.

Aber dann kam wieder die Leberwurst ins Spiel. Wer trägt schon Leberwurst mit sich herum?

Die regionale Presse, Radio- und Fernsehsender rissen sich um die Story: Ermordete Transe im Hause von Wackerstein. Schwuler Sohn des renommierten Ärztepaares unter Mordverdacht?

Familie Wackerstein war abgetaucht. Nur Kruckenberg und seine Kollegen kannten ihren Aufenthaltsort. Die Medien schossen sich auf Baby Jane ein. Es erschienen Fotos, die sie verkleidet als Mireille Mathieu, Marianne Rosenberg und auf den aktuellsten Bildern auch als Helene Fischer zeigten.

Atemlos. Die »SOKO Transe« stand gehörig unter Erfolgszwang. Der Staatsanwalt, der täglich mehrfach Druck machte, feixende Medien – allen voran die Zeitung mit den vier Buchstaben, die die Bremerhavener Kripo als erfolglose Dorf-Sheriffs bezeichnete – und die negativen Leserbriefe, die zahlreich bei der Nordsee-Zeitung eingingen, machten Kruckenberg zu schaffen. Er brauchte endlich Ergebnisse.

Es war Sonntagmittag und Kruckenberg saß nach einem Besuch in der **Kunsthalle** im Bistro **Caspar David & Co.** Hungrig wartete er auf das bestellte Frühstück. Inga, seine langjährige Lebensgefährtin, mit der er verabredet war, ließ auf sich warten. Er vermutete, dass sie gestern Abend mit ihren Freundinnen auf dem Weihnachtsmarkt ausgiebig Glühwein getrunken hatte, nachdem sie an einer **Lichterfahrt** mit dem HafenBus teilgenommen hatte. Bestimmt war es spät geworden. Er hatte in den letzten Tagen wenig Zeit für sie gehabt, aber sie kannte inzwischen die Nachteile seines Berufs, sprich die damit verbundenen unchristlichen Arbeitszeiten. Sie war einiges gewöhnt und störte sich nicht daran. Der Fall ließ ihn auch am heiligen Sonntag nicht los. Teilnahmsvoll stellte er sich das verzwickte Leben von Holger von Wackerstein vor. Durch die zahlreichen Vernehmungen hatte er einiges über dessen Lebensumstände erfahren. Der Junge hatte jahrelang ein Doppelleben geführt. Ständig in Angst, die Eltern könnten von seiner sexuellen Ausrichtung Wind bekommen. Kruckenberg verstand die Eltern nicht. Hochrangige Politiker, bekannte Moderatorinnen, Sänger und Schauspielerinnen hatten sich zwischenzeitlich geoutet, ganz zu schweigen von ehemaligen Fußballspielern. Gleichgeschlechtliche Partner gehen vor dem Standesamt eingetragene Lebenspartnerschaften ein. Alles ganz normal. Aber nicht im Hause von Wackerstein. Man war erzkonservativ und Vati seit frühester Jugend Mitglied bei den Christdemokraten.

Diese Miss Lulu hatte Baby Jane böse mitgespielt. Schlimmer hatte es nicht kommen können. Die hätte auf Kruckenbergs persönlicher Abschussliste auch ganz oben gestanden.

Das Caspar David füllte sich. Wo Inga nur blieb? Am Tisch neben ihm saß schweigend ein Ehepaar. Er hinter einer Zeitung, sie stocherte appetitlos im Rührei. Der Typ weiß auch nicht, was sich gehört, dachte Kruckenberg und überflog das Infoblatt, das

Auskunft über die nächste Ausstellung in der Kunsthalle gab.

Das Handy klingelte. Die KTU hatte Neuigkeiten.

Sie saß an der Nähmaschine, eine Federboa um den Hals, und fädelte konzentriert den Seidenfaden in das Nadelöhr. Der neue Fummel, den sie für Baby Jane nähte, nahm langsam Form an. The show must go on. Sie designte ihre Garderobe selbst und nähte leidenschaftlich gern. Mit viel Freude und Engagement kümmerte sie sich um den Kleiderstock von Baby Jane, nähte ihr jeden Fummel auf den Leib, und diese war von jeder ihrer Kreationen hellauf begeistert.

Es war ein Leichtes für sie gewesen, während des zweiten Auftritts von Lulu in den Garten zu schleichen und den Roten Fingerhut zu pflücken.

Zum Glück war ihr eingefallen, dass sich in ihrer Manteltasche zwei Plastikdöschen Leberwurst befanden, die sie beim letzten Hotel-Frühstück hatte mitgehen lassen. Vom Büfett konnte sie sich eine Scheibe Brot organisieren, auf die sie die vergiftete Leberwurst fingerdick draufgestrichen hatte. Die gefräßige Lulu schob ständig Kohldampf. Sie konnte sicher sein, dass sie in der Pause dem nicht widerstehen würde. Sie hatte recht behalten. Mit einem »Gruß aus der Küche« hatte sie Lulu lächelnd das Giftschnittchen unter die Nase gehalten.

»Oh Schatzimaus, lecker Häppchen für die Mutti.« Gierig war das Häppchen zwischen blutroten Lippen verschwunden.

Sie hasste Lulu. Wie oft hatte sie ihr die Pest an den Hals gewünscht! Sie log, betrog und lästerte über alles und jeden. Sie hatte es an dem Abend nicht mehr ausgehalten. Das Maß war voll gewesen. Sie liebte Baby Jane von ganzem Herzen, fühlte sich verantwortlich für sie und konnte sie nicht leiden sehen. Das Miststück musste weg. Und das war ihr ja zum Glück gelungen. Dieser nette Kommissar Kruckenberg hatte sie wohl kaum auf dem Plan. Seit der letzten Vernehmung hatte er sie in Ruhe gelassen.

Das Läuten der Haustürklingel riss sie aus ihren Gedanken. Vor der Tür stand Kommissar Hubert Kruckenberg.

»Ich nehme Sie vorläufig fest. Sie stehen unter dem dringenden Verdacht, den Travestie-Künstler Markus Glied alias Miss Lulu ermordet zu haben.«

»Ich? Wie kommen Sie denn darauf?«

»Laut KTU befinden sich Ihre Fingerabdrücke auf zwei kleinen Plastikdosen, die wir im Müll gefunden haben. Sie hätten sie mitnehmen sollen, Frau Vera von Wackerstein.«

Lale-Andersen-Laterne

Vor der Kaserne,
vor dem großen Tor
stand eine Laterne,
und steht sie noch davor,
so wolln wir uns da wiedersehn
bei der Laterne wolln wir stehn,
wie einst Lili Marleen.
(Text: Hans Leip)

Nur wenige Schritte entfernt vom Geburtshaus (Lutherstraße 3)der weltbekannten Sängerin Lale Andersen, steht Ecke Hafenstraße eine alte Straßenlaterne zur Erinnerung an die Sängerin und ihr unvergessenes Lied *Lili Marleen*. Die Laterne ist eine Hommage an die Sängerin Lale Andersen, die durch dieses Lied weltberühmt wurde. Im Zweiten Weltkrieg wurde *Lili Marleen* allabendlich vor Sendeschluss vom Soldatensender in Belgrad gespielt. Es brachte die Waffen auf beiden Seiten der Front zum Schweigen. Von Afrika bis zum Nordkap grüßten die Soldaten ihre Liebsten zu Hause mit dem Lied vom Wachtposten und seiner Liebsten.

Lale Andersen ist die berühmteste Tochter Bremerhavens. Sie wurde am 23. März 1905 in Bremerhaven-Lehe, in der Lutherstraße 3, als Liese-Lotte Helene Berta Bunnenberg geboren. Sie war in erster Ehe mit dem Bremerhavener Landschaftsmaler Paul Ernst Wilke verheiratet (siehe Wilke-Atelier)

Ist nun am 20.10.2015 umgesetzt worden

Mehr über Lale Andersen finden Sie in dem Buch: *Wie einst Lili Marlen – Das Leben der Lale Andersen* von Dr. Gisela Lehrke, Kulturamtsleiterin Bremerhaven – (leider nur noch antiquarisch erhältlich).

Große Kirche
(Bürgermeister-Smidt-Gedächtniskirche)
Bürgermeister-Smidt-Straße 45

Die Bremerhavener nennen die 1855 von Simon Loschen erbaute Bürgermeister-Smidt-Gedächtniskirche, die »Große Kirche«, denn der neugotische Backsteinbau gehört zu den höchsten Gebäuden der Innenstadt. Die dreischiffige Hallenkirche mit Apsis und Westturm wurde wegen des weichen Marschbodens auf 552 Pfählen gebaut. Die Seitenfronten des roten Backsteinbaus erhielten gotische Spitzbögen. Der Stadtgründer und Bürgermeister Dr. Johann Smidt, weihte diese 1855 feierlich ein. Erst 1870 gelang die Fertigstellung des 86 Meter hohen Turms mit abschließender Kreuzblume.

1927 erhielt die Kirche ihren Namen nach dem Stadtgründer Bürgermeister Smidt. Sie ist die einzige Kirche Deutschlands, die einem weltlichen Würdenträger gewidmet ist.
Nachdem die Kirche während des großen Bombenangriffs am 18. September1944 vollständig ausbrannte, wurde der Wiederaufbau 1960 beendet.
www.grosse-kirche.de

Wilke-Atelier (Paul-Ernst-Wilke-Haus)
Am Alten Vorhafen

Um den Abriss des ehemaligen Ateliers des bekannten Bremerhavener Landschaftsmalers Paul Ernst Wilke (1894-1971) zu verhindern, wurde der Freundeskreis Paul Ernst Wilke e.V. 1984 gegründet. Der Verein kaufte das blau-weiße Häuschen am Alten Vorhafen und restaurierte es liebevoll. Heute wird es als Atelier und Wohnstätte für Gastkünstler (Maler, Bildhauer, Fotografen, Kunsthandwerker, Musiker und Schriftsteller) aus aller Welt genutzt.
Der ehemalige Bundespräsident von Weizsäcker zählte zu den ersten Besuchern und zeigte sich tief beeindruckt.

Kunsthalle
Karlsburg 1

In der Kunsthalle bietet der Kunstverein Bremerhaven jungen Künstlerinnen und Künstlern die Möglichkeit, zeitnahe künstlerische Experimente durchzuführen. Zahlreiche national und international bekannte Künstler haben hier früh ihre Werke ausgestellt.

Der Kunstverein organisiert neben den Ausstellungen zeitgenössischer Kunst auch Ausstellungen zur Architektur- und Literaturgeschichte sowie zu klassischen, kunsthistorischen Themen von der Malerei des 19. Jahrhunderts bis zur Kunst der Gegenwart.

Mehr unter: www.kunstverein-bremerhaven.de

Auf der gegenüberliegenden Straßenseite können Sie das *Kunstmuseum* besuchen:
Karlsburg 4

Das Kunstmuseum Bremerhaven präsentiert Werke national und international renommierter Künstler. Mit dem Kunstmuseum erhielt der Kunstverein Bremerhaven ein eigenes Museum. Über drei Etagen verteilen sich auf 14 Räume unterschiedlicher Größe 700 Quadratmeter Ausstellungsfläche. Im Vordergrund steht eine Sammlung, die aus dem unmittelbaren Kontakt zu den Künstlerinnen und Künstlern gewachsen ist. In der Sammlung befinden sich Werke bekannter

Künstler wie Gerhard Richter, Candida Höfer, Bernhard Prinz, Elvira Bach, Anne Berning, Paloma Varga Weisz, Clegg & Guttmann und Axel Liebig, um nur einige zu nennen.

Die Eröffnung des Neubaus fand am 7. Oktober 2007 mit einer Ausstellung von Gemälden des Künstlers Georg Baselitz und Porträtfotografien von Benjamin Katz unter dem Titel *Die Richtung stimmt* statt.

Mehr unter: www.kunstverein-bremerhaven.de

Caspar David & Co

Karlsburg 4

Das Caspar David befindet sich unterhalb der Kunsthalle. Die Lage, direkt auf dem neu angelegten Hochschul-Campus und in unmittelbarer Nähe vom Theater, Kino und City, ist geradezu ideal.

Das Speisen- und Getränkeangebot deckt Frühstück, Mittagessen, Kaffee und Kuchen, Abendessen und einen Absacker nach Kino- oder Theaterbesuch ab. Das Servicepersonal ist ausgesprochen freundlich, die Speisen frisch, das Ambiente stylisch und ansprechend.

Lichterfahrt

An jedem Samstag im Advent durchquert der HafenBus im Dunkeln das Lichtermeer der Überseehäfen. Ein Lichtspektakel auf 7,8 Millionen Quadratmetern lässt die Besucher staunen. Anschließend geht es gemeinsam auf den Weihnachtsmarkt.

Tickets bei der Tourist Info, Tel.: 0471/414141

Ein weiteres Event zur Weihnachtszeit:

Bremerhaven funkelt

(Gruppenangebot)

Vom Ausflugsschiff MS Geestemünde staunen, wie Bremerhaven funkelt.

Sei es das Lichtermeer der Häfen oder die glitzernden Lichter auf dem Wasser der Weser. Piratenpunsch, Kaffee, Tee und Klaben mit Butter – das typisch nordische Weihnachtsbrot – sorgen für eine gemütliche und heimelige Atmosphäre an Bord.

Los geht es an der Westkaje des Neuen Hafens, ca. 250 Meter vom Mediterraneo entfernt.

Buchung über:

Erlebnis Bremerhaven GmbH

Bremerhaven Touristik

H.-H. Meier-Straße6

Tel: 0471/80936190

FLUCH DER BÖSEN TAT

Gesine steuerte erwartungsvoll gen Ausgang. Vor der Bahnhofs-Buchhandlung erspähte sie Almut, die dralle Dorfschönheit, die ihr wild zuwinkte. Beim Näherkommen taxierten neugierige Rattenaugen missgünstig ihren hochwertigen Kaschmirmantel und die modischen Stiefel. Almut war schon immer neidisch und missgünstig gewesen.

Besitzergreifend nahm sie Gesine in die Arme. »Mensch, immer noch so dünn wie vor 20 Jahren. Ein Strich in der Landschaft.« Sie konnte es nicht lassen.

Neidische Kuh, dachte Gesine und musterte vielsagend Almuts ausladende Rubensfigur, die von einer weiten Windjacke umhüllt war. Die kurzen Dackelbeine waren ganz schön stämmig geworden, stellte sie schadenfroh fest. Der Faltenrock war unterirdisch. Wer um Himmels willen trug denn noch lange Faltenröcke? »Besser zu dünn als zu dick. Was wiegst du?« Der übliche Zickenzoff war eingeläutet. Wie in alten Zeiten.

»Wie viel ich wiege? Indiskret wie eh und je.«

Das sagte die Richtige.

Noch während der Zugfahrt hatte Gesine sich fest vorgenommen, auf keine Provokation einzugehen, zumal sie ja eine ganz bestimmte Mission verfolgte. Almut machte es ihr bereits in den ersten Minuten nicht leicht, die guten Vorsätze einzuhalten.

»Trotzdem schön, dass du da bist. Du kommst gleich mit zu uns«, bestimmte Almut den Kurs, ohne sich nach dem Verlauf der Zugfahrt zu erkundigen oder nach den Wünschen ihres Gastes zu fragen.

»Ich möchte erst mal ins Hotel fahren, mich frisch machen«, widersprach Gesine und steuerte, weit ausholend, dem Ausgang zu. Almut hechelnd im Schlepptau.

»Wo hast du gebucht?«

»**Atlantic Hotel Sail City**.« Gesine war sich bewusst, dass diese Adresse nicht gut ankam. Ein Hotel im unteren Preissegment wäre Almut lieber gewesen.

»Nobel geht die Welt zugrunde.«

»Tja, man gönnt sich ja sonst nichts.«

»Wenn man sich das leisten kann ...«

»Man kann. Außerdem findet mein Kongress dort statt.«

»Ein Wunder, dass du diesmal für mich Zeit hast.«

Die nehme ich mir, dachte Gesine. Ihr war da etwas zu Ohren gekommen, dem sie unbedingt nachgehen musste. Wenn das Gerücht der Wahrheit entsprach, dann musste Almut sich ganz warm anziehen.

»Komm, ich fahr dich. Mein Wagen steht auf dem Parkplatz.«

Auf dem Bahnhofsvorplatz atmete Gesine tief die Bremerhavener Seeluft ein. Es regnete Bindfäden. Ein kräftiger Ostwind blies ihr ins Gesicht. Sie war zu Hause.

Vor dem altersschwachen Panda angekommen, konnte Gesine sich das Grinsen nicht verkneifen. »Zweitwagen?« Gesine wusste, dass diese Bemerkung nicht nötig war, aber Almut konnte sie ja so was von reizen. »Dein Mann fährt sicher einen größeren.«

Almut nickte stumm und fingerte in ihrer billigen Discountertasche nach dem Autoschlüssel. »Wie lange bleibst du?«

»Zwei Tage. Ich muss gleich nach dem Kongress wieder zurück. In vier Tagen fliege ich geschäftlich nach New York.«

»Dass du dazu Lust hast, ständig in der Weltgeschichte rumzureisen.« Almut zwängte sich hinters Steuer.

»Entschuldige mal, mit Lust hat das wenig zu tun. Das ist harte Arbeit.« Gesine hatte Mühe, ihre langen Beine unterzubringen.

»Für mich wär das nichts. Mit Familie würde das auch gar nicht gehen.«

»Ich weiß, warum ich Single bin. Ich kann mir nicht vorstellen, von einem Mann abhängig zu sein. Seine Launen zu ertragen und womöglich über jeden Cent Rechenschaft abzulegen. Ich mache einen Fehler nie zweimal.« Das hatte gesessen. Und das sollte es auch.

Almut warf den Kopf in den Nacken. »Jedem das Seine. Ich liebe meine Familie und habe den besten Mann, den ich mir wünschen kann. Ich bin mit meinem Leben mehr als zufrieden«, verkündete sie stolz. Ein schneller Seitenblick streifte Gesine, die die *Seute Deern* betrachtete, die links der Columbusstraße im Museumshafen lag. Immer wieder ein toller Anblick. Wo gab es das? Eine Dreimast-Bark mitten in der Stadt?

»Schön für dich. Ist Tore immer noch so eifersüchtig?«

»Das war mal. Ich gebe ihm ja auch keinen Grund.«

»Solltest du dich so verändert haben?« Ob sie Ironie überhaupt versteht? Ihre Chancen hatten sich minimiert. Denn welcher Mann war schon scharf auf so viel Leiblichkeit?

»Aus dem Alter sind wir doch wohl raus. Du bist also nicht fest liiert?«, hakte Almut nach.

»Nicht wirklich. Dazu lässt mir meine Arbeit gar keine Zeit. Ich bin ständig unterwegs.« Auf gar keinen Fall wird sie mich jetzt nach meiner Firma fragen, vermutete Gesine. Eher platzt sie.

Almut war still geworden. Sie hatte einiges zu verdauen.

Gesine beobachtete Almut schadenfroh aus dem Augenwinkel. Da ging noch was. »Was machst du eigentlich den ganzen Tag?«, stichelte sie, wohl wissend, dass Almut nach der Hochzeit zum Wohl der Familie ihren langweiligen und schlecht bezahlten Job bei der Post aufgegeben hatte. »Ist dir zu Hause nicht langweilig? Für mich wär das nichts. Da hätte ich Angst zu verblöden.«

»Na hör mal! Ich verblöde doch nicht, schließlich hab ich ein großes Haus und genug zu tun«, protestierte Almut und warf ihr einen empörten Blick zu. »Dann ist da noch der Kirchenchor, mein Malkurs und meine Gymnastikgruppe.«

»Ah ja? Das reicht dir? Das wäre so gar nicht mein Ding«, setzte Gesine einen drauf.

»Jedem das Seine.« Almut betätigte den Blinker und bog links von der Columbusstraße ab. Vor ihnen befanden sich das Klimahaus und das Hotel Sail City, dessen Architektur Gesine stark an ihren letzten Dubai-Aufenthalt erinnerte. Zögerlich nahm Almut die recht steile Einfahrt in die Parkgarage.

»Kommst du noch mit rauf? Ein Glas Champagner geht immer.«

»Nee, lass man. Ich muss noch etwas zum Abendbrot einkaufen. Ruf mich an, dann hol ich dich ab.«

»Lass gut sein, ich komme mit dem Taxi.«

Gesine genoss den großartigen Ausblick auf Bremerhaven aus ihrem Fenster in der achten Hoteletage. Sie fühlte so etwas wie Stolz auf ihre Heimatstadt, die sich in den letzten Jahren so gigantisch verändert hatte. Ihre Suite besaß eine besondere Wohnatmosphäre mit elegantem Charakter. Hier ließ es sich aushalten.

Almut wäre vor Neid geplatzt, da war sich Gesine sicher. Aber sie hatte auch schwer für ihren Erfolg arbeiten müssen. Nach der Scheidung von Björn hatte sie ihre inzwischen äußerst erfolgreiche Werbeagentur gegründet. Zeit für Freunde und Freizeitaktivitäten, geschweige denn Urlaub hatte es jahrelang nicht gegeben. Privatleben, ein Fremdwort. Davon hatte Almut in ihrer überschaubaren und kleinbürgerlichen Welt mit bescheidenem Eigenheim und Garten keine Ahnung. Dagegen war ja im Prinzip nichts einzuwenden, aber sie kannte die Freundin nur zu gut. Wie gern würde die mit ihr tauschen. Ihre hochfliegenden Träume von einem reichen Mann waren wie Seifenblasen geplatzt, als sie schwanger wurde und Tore heiraten musste. Aber zugeben würde sie das nie.

Früher hatte Almut immer die erste Geige gespielt. Sie hatte es verstanden, sich mit allen ihr zur Verfügung stehenden Mitteln in den Vordergrund zu spielen. Ob in der Tanzstunde oder in der Disco, sie bekam immer die angesagtesten Typen ab und ging manchmal derart dreist vor, dass Gesine sich für ihre Freundin geschämt hatte. Almut war ein Biest. Auf der anderen Seite hatte man auch viel Spaß mit ihr haben können. Aber nur dann, wenn sie im Mittelpunkt gestanden hatte. Zwischen ihnen hatte so etwas wie eine Hassliebe bestanden. Trotz aller Streitereien waren sie dicke Freundinnen gewesen, aber nur bis zu dem Zeitpunkt, als Gesine Björn, einen erfolgreichen Geschäftsmann, geheiratet hatte. Nach dem ersten Treffen, bei dem Almut Björn kennengelernt hatte, brach Almut den Kontakt jäh ab. Gesines »gute Partie« hatte zu sehr an ihrem Selbstwertgefühl gekratzt. Erst als sie von Gesines Scheidung gehört hatte, erfolgten erste Lebenszeichen und das Signal, dass sie gern die alte Freundschaft wieder aufleben lassen wollte.

Bremerhaven-Wulsdorf. Ein beschaulicher Stadtteil. Der schweigsame Taxifahrer bog von der Weserstraße in die Straße Am **Jedutenberg** ein und fuhr an der **Dionysiuskirche** vorbei, in der Gesine und Almut gemeinsam ihre Konfirmation gefeiert hatten. Vor einem modernisierten Siedlungshaus war die Fahrt zu Ende. Genauso hatte Gesine sich Almuts kleine Welt vorgestellt.

Almut empfing sie in einem engen Flur und führte sie stolz in die gute Stube. Es roch nach Kohl und Pinkel. Im Wohnzimmer wurde sie förmlich von kitschiger Deko erschlagen. Die terrakottafarbene Wischtechnik an den Wänden tat ihr Übriges. Zwangsläufig dachte sie an ihr durchgestyltes Penthouse über den Dächern von München. »Ach, wie gemütlich«, rang sie sich ab. Sie wollte ja nicht schon wieder unhöflich sein.

»Tore kommt gleich. Ich hoffe, dass er heute pünktlich Feierabend macht. Du musst wissen, er ist beruflich schrecklich eingespannt. Ist ja auch ein verantwortungsvoller und wichtiger Posten, den er bekleidet. Ich muss mal in die Küche, Kartoffeln aufsetzen.«

»Ja, geh nur. Ich sehe mich inzwischen etwas um.« Gesine trat an ein Sideboard aus den 70er-Jahren heran, auf dem sich eine Vielzahl an Familienfotos in Messingrahmen befand. Da stand es vor ihr, das kleine Leben ihrer Freundin: ein obligatorisches Hochzeitsbild von Almut und Tore, Almut schwanger, mehrere Baby-, Kinder- und Jugendfotos der beiden Kinder Kerstin und Florian. Gesine nahm ein Foto von Kerstin, der ältesten Tochter, in die Hand. Das gab es nicht! Sie starrte auf das Foto. Also doch! Das durfte nicht wahr sein. Die Ähnlichkeit war frappierend. Aufgeregt nestelte sie ihre Lesebrille, die sie aus Eitelkeit nur im Notfall aufsetzte, aus ihrer Handtasche, um sich das Foto genauer zu betrachten. Kein Zweifel möglich. Sie hatte Almut ja viel zugetraut, aber das hier war kein Spaß mehr.

Tore, der früher auch zu ihrer Clique gehörte, freute sich aufrichtig, Gesine wiederzusehen. Er sah gut aus, war unterhaltsam und charmant. Wie hielt er es bloß mit seiner Trockenpflaume aus, die sich im Laufe des Abends immer mehr als biederes Hausmütterchen entpuppte? Bereits vor Jahren hatte er sich vom langweiligen Beamtendasein verabschiedet und leitete eine Abteilung bei einem großen Offshore-Unternehmen der Seestadt. Er erkundigte sich interessiert bei Gesine nach ihrer erfolgreich expandierenden Werbeagentur, während Almut lustlos im Grünkohl herumstocherte und aus Frust einen Korn nach dem anderen schluckte. Sie hatte wenig zum Gespräch beizutragen und dokumentierte dies mit unübersehbarer Langeweile. Anfangs hatte sie noch versucht dazwischenzugrätschen, indem sie das Gespräch ständig auf die Kinder und deren berufliche Erfolge brachte. Da aber weder Gesine noch Tore großes Interesse an ihren Ausführungen zeigten, gab sie auf und schwieg fortan.

Gesine fiel es schwer, ihre Wut zu unterdrücken und Almut nicht sofort mit ihrer ungeheuerlichen Entdeckung zu konfrontieren. Besser, sie blieb erst mal ruhig. Auch wenn es schwerfiel.

»Hast du noch Kontakt zu Björn?«, fragte Almut und warf Gesine einen kurzen Blick zu.

»Sehr häufig, wir haben uns ja einvernehmlich getrennt und verstehen uns super«, log Gesine. »Warum fragst du?«

»Nur so.«

»Eigentlich wollte er mich begleiten. Er möchte dich unwahrscheinlich gern wiedersehen und ist sehr neugierig auf deine Kinder. Er ist sehr kinderlieb und war traurig und enttäuscht, dass unsere Ehe kinderlos blieb. Er hätte sehr gern Kinder gehabt.« Mit Genugtuung beobachtete Gesine, wie Almut vor Schreck fast das Essen aus dem Mund fiel.

Mit einem »Entschuldigt mich bitte, ich muss mal schnell in die Küche« floh Almut aus dem Esszimmer.

»Soll ich dich morgen mal durch meinen Betrieb führen? Hast du Interesse?«, fragte Tore, der sich keinen Reim auf das merkwürdige Verhalten seiner Frau machen konnte.

»Ich habe morgen ganz früh einen Termin mit einem Makler. Und ab 10 Uhr beginnt mein Kongress.« Gleich lass ich eine Bombe platzen, dachte sie und konnte es gar nicht erwarten, das dumme Gesicht von Almut zu sehen, die sich wieder zu ihnen gesellt hatte und reichlich blass um die Nase war.

»Makler? Willst du zurück nach Bremerhaven ziehen?« Almut schien nicht begeistert.

»Nicht direkt. Ich suche eine Zweitwohnung und angemessene Büroräume für meine Agentur. Ich werde hier eine Dependance eröffnen.«

Almut entglitten die Gesichtszüge. »Echt? Du kommst zurück? Und du machst hier ein kleines Büro auf?«

»Ein kleines Büro ist untertrieben. Meine neue Agentur hier in Bremerhaven wird um die 30 Mitarbeiter beschäftigen.«

»Das glaub ich jetzt nicht.« Almut hatte sich nicht mehr im Griff und blickte hilflos ihren Mann an. »Was sagst du dazu?«

»Super. Das ist ja mal eine schöne Überraschung. Hast du schon eine Ahnung, wo du dich etablieren wirst?« Im Gegensatz zu Almut schien Tore sich zu freuen.

»Der Makler zeigt mir morgen zwei Objekte. Für meinen Zweitwohnsitz habe ich mich schon so gut wie entschieden.«

»Wo?«, hauchte Almut, die inzwischen quittengelb vor Neid war.

Jetzt werde ich ihr den Todesstoß verpassen. »Im New-Port-Komplex, mit freiem Blick über den Deich direkt auf die Weser.« Sie kam ins Schwärmen. »Sollte das Penthouse noch nicht verkauft sein, werde ich mich wohl dafür entscheiden.«

Nun waren beide sprachlos. »Das kostet über eine Million.« Tore hatte sich als Erster von dem Schock erholt.

»Für Münchner Verhältnisse ein Schnäppchen.«

Almut legte Messer und Gabel auf den Teller, auf dem sich noch Reste von Kohl und Pinkel befanden. Ihr war der Appetit vergangen.

»Kochen kannst du. Da erkennt man gleich die Routine und das Können der guten Hausfrau.«

In Almuts Ohren hörte sich das vermeintliche Kompliment wie eine Provokation an, und so war das auch gemeint.

»Stimmt, das kann sie. Hat wieder mal ganz lecker geschmeckt, mein Schatz.« Tore tätschelte ahnungslos ihre Hand. Er bekam nichts von den Spannungen mit, die kurz davor waren, mit einem Knall gelöst zu werden.

»Ja, jeder hat seine Talente«, trat Gesine süffisant nach und spürte sofort, dass sie den Bogen überspannt hatte.

Wie von der Tarantel gestochen sprang Almut auf und schleuderte den halb vollen Teller aufs Laminat. »Macht euch nur lustig über mich. In euren Augen bin ich ja doch nur die dumme Hausfrau, die nichts im Kopf hat. Ich hab die Schnauze voll. Macht euren Scheiß allein.« Mit Schwung trat sie gegen die Scherben und verteilte sie durchs gesamte Esszimmer.

»Bist du noch ganz gar?« Torben starrte seine Frau verwirrt an. »Was hast du denn? Was ist los?«

»Lasst mich bloß in Ruhe. Und du, blöde Kuh, schmier dir deine ach so tolle Werbeagentur in die Haare. Lass dich hier nie wieder sehen.« Sie ging aus dem Zimmer und warf die Tür hinter sich ins Schloss.

Gesine zog den Kopf ein und sah Torben an, der fassungslos seiner Frau nachsah.

»Was war das denn?«

Gesine verließ den Kongress vorzeitig. Die letzten Beiträge waren für sie nicht von Interesse. Nun stand sie auf der Aussichtsplattform des Hotels Sail City und genoss das Panorama Bremerhavens. Es war gute Sicht und so hatte sie freien Blick über die Stadt, bis hin zur Wesermündung in die Nordsee.

Die Koffer waren gepackt und es war noch Zeit für einen Kaffee. Sie entschied sich für das italienische Restaurant **Bel Mondo,** das eine große Terrasse mit Blick auf das **Deutsche Schiffahrtsmuseum,** den **Museumshafen** und den Deich besitzt. Das Wetter spielte mit. Gesine genoss in frischer Seeluft eine Zigarette. Der gestrige Abend ging ihr nicht aus dem Kopf. Die Geschichte mit der Luxus-Immobilie war ein Fake. Einer mit gewünschter Wirkung.

Almut war nicht wieder aufgetaucht. Zeit für Gesine, Rache zu nehmen und Tore über den wahren Erzeuger seiner ältesten Tochter aufzuklären. Ein Foto von ihrem Exmann Björn, das sie Tore auf ihrem iPhone präsentierte, ließ keinen Zweifel offen. Die Ähnlichkeit war zu verblüffend. Kerstin und Björn glichen sich wie ein Ei dem anderen. Jetzt war auch Tore klar, warum Almut damals den Kontakt zu Björn und Gesine so abrupt abgebrochen hatte. Ihr Betrug und ihre Hinterhältigkeit wären sofort nach der Geburt von Kerstin aufgeflogen.

Tore war kurz vorm Durchdrehen gewesen. Gesine verstand ihn nur zu gut. Almut hatte ein ganz mieses Spiel gespielt. 20 Jahre war er der Meinung gewesen, der biologische Vater seiner Tochter Kerstin zu sein. Almut hatte nicht nur Tore, sondern auch sie betrogen. Zum Zeitpunkt der Zeugung, war sie gerade frisch mit Björn verheiratet gewesen. Das passte zu ihr. Natürlich gab sie Björn Mitschuld an dem Verrat, aber sie kannte Almut nur zu gut, hatte sie doch oft genug mitbekommen, wie aufdringlich sie sich an die Männer rangeschmissen hatte. Und heute das biedere Hausmütterchen mimen. Das war so typisch. Ob Björn wusste, dass er eine 20 Jahre alte Tochter hatte? Garantiert hatte Almut ihm sein Kind vorenthalten.

Mit viel Überredungskunst hatte Gesine Tore davon abhalten können, seine Frau nicht gleich aus dem Bett zu zerren, um sie zur Rede zu stellen. Sie hatte keine Lust gehabt, einer Ehetragödie beizuwohnen. Und die hatte es bestimmt noch gegeben. So wie Tore bei ihrem Aufbruch drauf war.

›Tödliches Ehedrama in Bremerhaven-Wulsdorf. Eifersüchtiger Ehemann tötet Ehefrau mit zahlreichen Messerstichen. Die Hintergründe noch ungeklärt.‹

Mit gemischten Gefühlen warf Gesine die Nordsee-Zeitung, die sie im Bahnhofskiosk gekauft hatte, in den Papierkorb und stieg in den Regionalzug nach Bremen. Tore war ein Trottel. Mit etwas mehr Abstand und kühlem Kopf hätte es eine elegantere und für ihn folgenlose Lösung geben können. Er hätte sie fragen sollen.

Atlantic Hotel Sail City
Am Strom 1

Mit einer Gesamthöhe von 147 Metern und 23 Etagen ist das segelförmige 4-Sterne-Hotel, das an ein aufgeblähtes Segel erinnert, das höchste zugängliche Gebäude im Lande Bremen. Das 20-geschossige Hotel- und Bürohochhaus nimmt mit seiner Kurvenform Bezug auf die Entstehungsgeschichte Bremerhavens. Das dem Meer zugewandte aufgeblähte Segel illustriert die maritime Bedeutung als Tor nach Übersee.

Es befindet sich direkt am Weserdeich, im Gebiet Neuer Hafen/Alter Hafen, neben dem Klimahaus und dem Deutschen Schiffahrtsmuseum.

Die Aussichtsplattform Sail City bietet einen umwerfenden Panoramablick über die Seestadt. Sie befindet sich in der 21. Etage. Da der Fahrstuhl nur bis zur 20. Etage fährt, kann die separate Aussichtsplattform in der 21. Etage nur über eine Treppe erreicht werden. Das Mitführen von Hunden ist nicht gestattet.

www.atlantic-hotels.de

Jedutenberg

Der Jedutenberg in Bremerhaven-Wulsdorf ist eine künstliche Erhebung und stammt vermutlich aus dem frühen Mittelalter. Zur Zeit Karls des Großen soll der »Berg« (für süddeutsche Besucher eher ein kleiner Hügel) zur Bewachung der Küste angelegt worden sein. Nahten Wikinger der Küste, könnten von dieser Erhebung Feuer zur Warnung der Bevölkerung angezündet worden sein. Die frühere Bedeutung des Jedutenbergs ist bis heute nicht ausreichend geklärt. Schon wegen des Namens könnte es sich auch um eine Gerichts- oder Kultstätte gehandelt haben. Nach dem Deutsch-Französischen Krieg 1870-1871 wurde ein Denkmal für die Gefallenen errichtet.

Dionysiuskirche

Am Jedutenberg

Die romanische Feldkirche mit Westturm und freistehendem Glockenturm steht im alten Dorfkern von Wulsdorf, direkt am Jedutenberg. Die Dionysiuskirche feierte im Dezember 2013 das 700-jährige Jubiläum der ersten urkundlichen Erwähnung eines Wulsdorfer Pfarrherrn. Die Anfänge der Kirche reichen bis in das Jahr 885 zurück. Sie gilt als ältestes Gotteshaus im heutigen Stadtgebiet von Bremerhaven. Die Kir-

che entstand im 12. Jahrhundert als Wehrkirche. Ursprünglich angelegt aus Felssteinen und einer Abdeckung aus Holzbalken.
Im freistehenden Glockenhaus aus dem 15. Jahrhundert hängen drei historische Glocken. Die älteste Glocke stammt aus dem 13. Jahrhundert, eine zweite aus der Zeit um 1300 und die Sturmglocke von 1421.
1928/1929 kamen bei einer Umgestaltung gotische Fresken zutage. Am 24. Juni 1944 beschädigten Bomben die Kirche schwer, doch 1950 wurde sie wieder instand gesetzt.
www.dionysiusgemein.de

Weitere Freizeittipps in Bremerhaven-Wulsdorf:
Wulsdorfer Friedhof
Weserstraße 169

Der Friedhof in Wulsdorf entstand nach den Plänen des Gartenbauarchitekten Wilhelm Benque. Er wurde im landschaftlichen Stil als ein Parkfriedhof konzipiert. Die Gräber sind in eine abwechslungsreiche Parklandschaft mit zahlreichen Bäumen und Rhododendren eingebettet. Die im neuromanischen Stil erbaute Friedhofskapelle wurde 1888 von dem Bremerhavener Stadtbaumeister Louis Löschner entworfen.
2010 wurde der Wulsdorfer Friedhof als Gesamtanlage unter Denkmalschutz gestellt.
Eine schlichte Gedenkstätte erinnert an die Opfer

der Bombennacht vom 18. September 1944, den in Bremerhaven verstorbenen Fremdarbeitern und den Opfern der Konzentrationslager.
Einige der 618 Todesopfer des großen Bombenangriffs auf Bremerhaven am 18. September 1944 sind ebenfalls in Wulsdorf bestattet.

Kulturladen Wulsdorf
Heidacker 13

Der Kulturladen ist eine Einrichtung des Kulturamtes der Stadt Bremerhaven. Hier werden soziokulturelle Projekte, Kurse und Veranstaltungen organisiert.
Zum Beispiel in den Bereichen Kunst, Foto, Video, Tanz, Theater, Zirkus, Spielpädagogik, Umweltpädagogik, Musik, Chor, Bewegung und Gymnastik. In Zusammenarbeit mit Künstlerinnen und Künstlern werden interdisziplinäre Projekte durchgeführt.
Großen Anklang findet der *Spielrausch, die Nacht der Spiele und SpielerInnen*. Hier treffen sich SpielerInnen, um neue Brettspiele kennenzulernen und miteinander von abends bis zum nächsten Morgen zu spielen.
In den Sommerferien wird ein Ganztagsprogramm für Kinder von 6 bis 12 Jahren angeboten.
www.kulturladen-wulsdorf.de

Schulhistorische Sammlung
Heidäcker 13 (Hauptgebäude der Fichte-Schule)

Hände falten,
Schnabel halten,
Kopf nicht stützen,
Ohren spitzen.

In der Schulhistorischen Sammlung werden die Besucher zurück in die Schulzeit des 19. Jahrhunderts versetzt. Schiefertafel und Griffel, Tinte und Federn der Sammlung sind nicht nur Ausstellungsstücke, sondern dürfen auch ausprobiert werden. Ein historisches Klassenzimmer, Lehrmaterial aus der Zeit nach 1900, alte Zeugnisse, Fotos und Exponate aus dem Physik- und Biologieunterricht und eine Bibliothek mit historischen Schulbüchern, Büchern zur Pädagogik und zur Geschichte der Naturwissenschaften versetzt die Besucher zurück in die Schulzeit der Groß- und Urgroßeltern.
Telefonische Anmeldungen unter: Tel: 0471/3913725

Bel Mondo – Italienisches Restaurant und Café
In der Einkaufs- und Erlebniswelt: Mediterraneo
Am Längengrad 12

In der warmen Jahreszeit können Sie auf der Außenterrasse unter großen Sonnenschirmen sit-

zen und nach Museumsbesuch, Shopping oder einem ausgiebigen Deichspaziergang mit Blick auf den Deich, das Schiffahrtsmuseum und den Museumshafen ausruhen und die Seele baumeln lassen.
www.belmondo-bhv.de

Deutsches Schiffahrtsmuseum
Hans-Scharoun-Platz 1

Auf über 8.000 Quadratmetern Ausstellungsfläche präsentiert sich das Deutsche Schiffahrtsmuseum (DSM) direkt am Weserdeich. Der dazugehörige Museumshafen beherbergt schwimmende Zeitzeugen deutscher Schifffahrtsgeschichte.
Die weltweit einzigartige Hansekogge aus dem Jahr 1380 gehört zu den Höhepunkten des DSM und ist heute eines der größten Forschungsprojekte. Innen und außen erwarten Schiffsmodelle, Gemälde, Modelle zum Anfassen und Ausprobieren sowie originale Schiffe im Museumshafen die Besucher.
Im Hauptgebäude des Museums können die Besucher auf einem Rundgang die Entwicklung der Schifffahrtsgeschichte von den Anfängen in der Steinzeit bis hin zur Gegenwart verfolgen.
Die Exponate im Neubau aus dem Jahr 2000 sind aufgegliedert nach Sportbooten, Arbeitsbooten und Rettungsschiffen.

Im Archiv finden sich unter anderem rund 30.000 technische Zeichnungen, mehr als 200.000 Fotografien, 450.000 Negative und Bilddateien, Kunstblätter, Plakate und Seekarten. Die Bibliothek umfasst mehr als 92.000 Titel zur deutschen Schifffahrtsgeschichte und aktuellen Schifffahrt und lädt Besucher zum Stöbern ein.
Das DSM ist eines von acht nationalen Forschungsmuseen in Deutschland und Mitglied der Leibniz-Gemeinschaft.
Von 1969 bis 1972/75 wurde der Museumsbau nach Entwürfen des Architekten Hans Scharoun in Arbeitsgemeinschaft mit den Bremerhavener Architekten Helmut Bohnsack und Peter Fromlowitz geplant und errichtet.
Die Gesamtanlage mit Museumsflotte steht seit 2005 unter Denkmalschutz.
Führungen: Das DSM bietet Führungen zu vielen spannenden Themen in Deutsch, Englisch und Französisch an.
Weitere Infos: www.dsm.museum.de

Museumshafen

Der Museumshafen befindet sich direkt zwischen der Fußgängerzone und dem Deutschen Schiffahrtsmuseum. Hier sind zahlreiche Museumsschiffe im historischen Hafenteil zu bestaunen.

Der Museumshafen ist der älteste Hafen der Stadt. Hier liegt seit 1966 der weltweit letzte hölzerne Handels-Großsegler, die Bark *Seute Deern*, ein Weltkulturerbe.

Im Museumshafen liegen u. a. die beiden Original-Schiffe:

U-Boot Wilhelm Bauer

Technikmuseum U-Boot Wilhelm Bauer im Museumshafen

Das U-Boot *Wilhelm Bauer* ist das weltweit einzig erhaltene U-Boot des Typs XXI, das den U-Boot-Bau revolutionierte und als bahnbrechende Neuentwicklung 1943/44 gebaut worden ist.

Das U-Boot liegt gegenüber vom Deutschen Schiffahrtsmuseum im Museumshafen.

www.u-boot-wilhelm-bauer.de

Museeumsschiff Dampf-Eisbrecher Wal

1938 wurde der Dampf-Eisbrecher *Wal* für Eisbrecherdienste im Nord-Ostsee-Kanal in Dienst gestellt. 1990 trat der Dampfer seine Reise nach Bremerhaven an und wurde binnen eines Jahres restauriert und umgebaut. Eine ehrenamtliche Crew bemüht sich erfolgreich, den Dampfer mit seiner interessanten Ausstattung in Maschine, Nautik und Wohnbereichen nicht nur zu erhalten, sondern auch Freunde traditioneller Schifffahrt bei kurzen und längeren Törns miterleben zu las-

sen, was ein altes Dampfschiff Besonderes zu bieten hat. Der Dampfer geht das ganze Jahr immer wieder mit Zielen wie Weser, Helgoland, Hamburger Hafengeburtstag, Kieler Woche sowie maritime Feste an Nord- und Ostsee auf Törn.
www.schiffahrts-compagnie.de

DIE LIEBESINSEL

»Hallo? Jemand zu Hause?« Hannes hängte seine Jacke an den Haken und begrüßte den vor Freude an ihm hochspringenden und mit dem Schwanz wedelnden Dackel Schimanski.

»Hallo, Schimmi. Wo sind Frauchen und die Kinder?« Er lauschte. Kein Mucks war zu hören. Auch gut, dann hatte er noch Ruhe und konnte sich bei einem Feierabend-Bier von der Arbeit erholen. Den ganzen Tag Hektik pur. Jeder wollte sein Auto vor dem ersten Frost noch winterfest machen lassen.

Als die Kinder tobend durch den Flur jagten und Birte mit vollgepackten Einkaufstüten die Küche betrat, hatte er schon mit dem Kochen begonnen. Spaghetti Bolognese ging immer.

Die Kinder fielen Hannes um den Hals und liefen ins Wohnzimmer, um bis zum Essen ihre Lieblings-Serie zu schauen.

»Hi.« Birte küsste Hannes gewohnheitsgemäß auf die Wange und stöckelte in beängstigend hohen Stiefeletten durch die Küche. »Dann können wir ja gleich essen. Deine Mutter holt in einer Stunde die Kinder ab.«

Hannes stutzte. »Warum das denn?«

»Die Tagung, drei Tage Berlin, hab ich dir doch erzählt.« Sie log, ohne rot zu werden. Warum sollte sie sich Tage vorher schon Stress machen? Es reichte doch, wenn er es kurz vorher erfuhr.

»Nee, davon weiß ich nichts.«

»Ach Vati. Hörst du mir nicht zu oder wirst du senil?«

»Du sollst nicht immer Vati zu mir sagen!« Wie er das hasste. Seit der Geburt der Zwillinge nannte sie ihn Vati. Das klang so unerotisch. Eine ihrer Provokationen, die ihn zur Weißglut brachten.

»Ich finde es nicht gut, dass du die Kinder schon wieder abschiebst.« Sie waren bei seiner Mutter gut untergebracht, keine Frage. Das war nicht das Problem. In Wirklichkeit passte es ihm nicht, wenn sie geschäftlich über Nacht wegblieb. Das hatte seinen Grund.

»Hättest du Elternzeit beantragt, könnten sie hier bleiben und du hättest Zeit für sie«, parierte Birte und räumte seelenruhig die Plastiktüten aus.

Das leidige Thema. Nur weil sie als Projektleiterin mehr Geld verdiente als er, sollte er in Elternzeit gehen? Das ging gar nicht. Er liebte die Kinder über alles, aber er liebte auch seinen Beruf und hatte keinen Nerv, die Schraubenschlüssel gegen einen Putzlappen einzutauschen. Ein richtiger Kerl ging arbeiten. Da war er altmodisch. Abgesehen davon, konnte er sich nur zu gut das Gesicht seines Chefs vorstellen, wenn er Elternzeit beantragen würde. An die Sprüche der Kollegen mochte er erst gar nicht denken. Nee, das ging gar nicht. Sie wollte ihn zum Putzlappen degradieren und ihn spüren lassen, wer das Geld nach Hause brachte. Er wusste, wie sie tickte. Er hätte nichts mehr zu melden.

»Warum ich? Wenn *du* halbtags arbeiten würdest, kämen wir finanziell auch zurecht.«

Der Streit ging in die zweite Runde.

»Ha, ha, ha, der Herr macht Witze. Du hast wohl vergessen, welche Position ich bekleide. Halbtags, dass ich nicht lache. Das kannst du dir abschminken. Hättest du dich weitergebildet, müsstest du mir nicht ständig deine schwarzen Fingernägel zumuten und ich keine ölverschmierten Blaumänner waschen.«

»Wer wäscht denn hier? Du etwa?« Das war die Höhe. Sie wusste nicht mal, wie man Waschmaschine buchstabierte.

»Ich hab keinen Bock mehr auf diese Diskussionen. Ich muss mich auf die Tagung vorbereiten. Der Appetit ist mir vergangen. Iss alleine mit den Kindern. In zwei Stunden muss ich weg, wenn ich meinen Flieger noch erreichen will.«

»Ach ja? Du musst dich vorbereiten? Nägel lackieren und Beine rasieren? Nimmt dein aufgeblasener Möller auch an der ach so wichtigen Tagung teil?« Er spürte Misstrauen in sich gären. Misstrauen, das, wie die Vergangenheit gezeigt hatte, nicht unbegründet war. Auch wenn er Birte immer wieder verziehen hatte, das Kopfkino konnte er nicht abstellen.

»Er ist nicht *mein* Möller. Wie oft denn noch? Und

nein, er ist nicht dabei. Und wenn, wäre das ein Problem?«

Hannes schwieg. Er goss das Nudelwasser ab und deckte den Tisch. Nach ihrer letzten Affäre hatte er die Scheidung vorgeschlagen. »Bilde dir bloß nicht ein, dass du die Kinder bekommst«, hatte sie gedroht. »Die Kinder gehören zur Mutter, das wird dir jeder Familienrichter verklickern.«

Nachdem Hannes ihr eine Antwort schuldig blieb, rief sie die Kinder zum Essen und verließ die Küche. Mein Gott, sie hatte nun wirklich Wichtigeres zu tun. Seine ewigen Sticheleien hatte sie so was von satt. Wenn die Kinder nicht wären, hätte sie längst die Biege gemacht. Raus aus dieser muffigen und spießigen Welt. Sie hatte sich weiterentwickelt, während er stehen geblieben war.

Letzte Woche hatte er ihr glatt eine Motorradfahrt vorgeschlagen mit anschließendem Essen. Was er darunter verstand, war klar: XXL Schnitzel in einem Biker-Imbiss oder noch besser: Köttbullar für sechs Euro im schwedischen Möbelhaus. Sie dachte an ihre Firmen-Dinner im Steigenberger, Hilton oder Atlantic in Hamburg. Das war Lebensqualität. Hannes war nur noch ein Klotz am Bein. Sie hatten sich auseinandergelebt, die große Liebe war erloschen. Jetzt ging er ihr nur noch auf die Nerven.

Hannes schob Frust. Mit aller Kraft, die er aufbringen konnte, trat er in die Pedale. »Eine Schnapsidee, heute mit dem Fahrrad auf dem Seedeich zu fahren«, fluchte er und kämpfte gegen die stramme Brise an, die ihm den Atem nahm. Eine Bö riss ihn beinahe mit seinem Fahrrad um. Der erste Herbststurm kündigte sich an. Schimanski schien das alles nichts auszumachen. Munter hechelte er auf krummen Beinen neben dem Fahrrad her und streckte die Schnauze in den Wind.

Über dem unruhigen Wasser hing der Nebel wie dicke Suppe. Die Konturen der Bremerhavener Skyline mit **Klimahaus, Mediterraneo, Columbus Center** und das Hotel Sail City waren nur mit viel Fantasie zu erahnen.

Nachdem Birte zu ihrer Tagung aufgebrochen war, hatte er eine unruhige Nacht verbracht. Sie hatte vehement bestritten, dass ihr Kollege Möller ebenfalls an der Tagung teilnehmen würde. Hannes glaubte das nicht. Es war zu einem heftigen Streit gekommen. Sein Misstrauen kam nicht von ungefähr. Seit Jahren betrog sie ihn und gelobte nach dem Ende einer jeden Affäre Besserung. Er war felsenfest davon überzeugt, dass mit Möller wieder etwas lief. Der aufgeblasene Anzugträger passte genau in Birtes Beuteschema. Ihr Männergeschmack hatte sich in den letzten Jahren stark geändert. Früher stand sie auf richtige Kerle, muskelbepackt und tätowiert. Einen heißen Bock als Beigabe hatte sie nicht verachtet. Da war er ins Spiel gekommen. Manchmal hatte er befürchtet, dass sie sein Motorrad mehr liebte als ihn. Sie hatten eine wilde Zeit miteinander. Sex, Drugs and Rock 'n' Roll.

Heute Morgen hatte er unter falschem Namen in Birtes Firma angerufen und erfahren, dass sich Möller seit einigen Tagen im Urlaub befand. Dennoch wurde er ein ungutes Gefühl nicht los. Er traute dem Braten nicht. Zu oft hatte Birte ihn belogen. Sollte sie ihn wieder betrügen, dann war Feierabend, ein für alle Mal, das schwor er sich. Der Kinder wegen hatte er ihr immer wieder verziehen und sich zum Hampelmann, zum nützlichen Idioten gemacht. Realistisch betrachtet, war ihre Ehe am Ende. Nachdenklich beobachtete er Schimanski, der auf einen friedlich herumschnüffelnden Golden Retriever zustürmte und ihn heftig attackierte. Sein Name war Programm.

Schon lange war die Mole nicht mehr sein Ziel gewesen. Bis zum **Leuchtfeuer Süd** mit dem grünen Stahlgerüst war es nicht mehr weit. Die **Geestemole,** die wie eine kleine Halbinsel im Wasser lag, nannten die Einheimischen Liebesinsel. Ein echter Geheimtipp. Hier hatte er mit Birte, als sie beide noch sehr verliebt waren, häufig im Auto geknutscht. Lang, lang war es her. Im Bett lief schon lange nichts mehr. Ihre Ausreden waren immer die gleichen: Migräne, die Kinder, ihr stressiger Job, die Hausarbeit … Aber mit anderen Männern rummachen, das ging.

Auf der Mole standen einige Autos und zwei große Wohnmobile. In einem der Autos saß ein Mann, der mit geradezu verzücktem Gesichtsausdruck einen schwarz gelockten Pudel auf seinem Schoß hingebungsvoll kraulte. Er radelte zügig vorbei und nahm

Kurs auf das Leuchtfeuer auf dem Damm der Mole. Hier war es so richtig stürmisch. Er setzte sich auf die Bank am Turm und beobachtete die **Weserfähre,** die, mit heftigem Seegang von Blexen kommend, direkt an ihm vorbei in die **Geestemündung** schlingerte, die auf der anderen Seite vom **Leuchtfeuer Geestemole Nord** begrenzt wurde.

Ein auffälliges Wohnmobil steuerte die Mole an. Ein echter Hingucker. Schimanski bellte aufgeregt.

»Platz, Schimmi!« Hannes zog an der Leine. Der Hund wollte sich nicht beruhigen und zerrte wie wild Richtung Parkplatz. Er gab nach und schob sein Fahrrad in die vom Dackel gewünschte Richtung. Amüsiert und neidisch zugleich stellte er fest, dass sich in der Zwischenzeit der vermeintliche Pudel in eine schwarz gelockte Dame verwandelt hatte, die ihren Begleiter hingebungsvoll küsste.

Hannes näherte sich dem auffälligen Wohnmobil, dessen Fahrerkabine unbesetzt war. Da er nicht gesehen hatte, dass jemand das Fahrzeug verlassen hatte, mussten sich die Insassen im hinteren Teil des Wagens befinden. Sie hatten sich wohl zu einem Schäferstündchen zurückgezogen, vermutete er. Das Reizklima der Nordsee schien heute besondere Wirkung auszuüben. Schimmi wurde immer aufgeregter, zog und kläffte, als hätte er Fährte aufgenommen. Am Wohnmobil angekommen, sprang er schwanzwedelnd und aufgeregt an der Beifahrertür hoch.

Hannes warf einen Blick ins leere Führerhaus und

erstarrte. Auf der Konsole lag ein Seidenschal, den er nur zu gut kannte.

Als er am nächsten Tag mit einem Servicewagen seiner Firma einen kleinen Abstecher zur Mole unternahm, stellte er fest, dass das Wohnmobil nicht mehr dort stand. Instinktiv fuhr er zum nahegelegenen **Reisemobil-Parkplatz** an der **Doppelschleuse**. Schon von Weitem sah er das auffällige Gefährt. Bingo. Hier also treibt sich meine Frau rum. Hier lässt sie sich von irgendeinem gelackten Wichser nageln und hat mit Sicherheit nicht die Spur eines schlechten Gewissens. Vermutlich schraubt der Spacko Möller an ihr herum, dachte Hannes. Wie dreist war das denn. Und direkt vor seiner Nase. Von wegen Berlin! Auf diese Idee musste man erst mal kommen. Gestern Abend hatte sie ihn angerufen und ihm von einer wahnsinnig anstrengenden Tagung vorgejammert. Sie war so was von abgebrüht. Wenn ich die in die Finger kriege, brennt die Luft. Zu gerne würde er jetzt auf den Platz fahren und die beiden überraschen. Er besann sich eines Besseren und fuhr am Parkplatz vorbei.

Seine Wut auf Birte war im Laufe des Tages ins Unermessliche gestiegen. Jahrelang hatte er sich zum Trottel gemacht, der gut genug war, ihr die unangenehmen Dinge des Alltags vom Hals zu halten. Er hatte nichts dagegen, im Haushalt zu helfen, aber in letzter Zeit blieb alles an ihm hängen, während sich Birte am Wochenende ausruhte und ihren Luxuskörper pflegte.

Er wollte die beiden zur Rede stellen, möglichst in flagranti erwischen. Auf Krawall gebürstet erreichte er den Reisemobil-Parkplatz. Der Wagen war weg. Vom Parkwächter erfuhr er, dass die beiden den Platz verlassen hatten. »Die sind vor einer Stunde Richtung Mole gefahren. Kann man verstehen. Ist direkt am Wasser ja sehr romantisch. Und die Braut ist auch nicht zu verachten«, rief er ihm überflüssigerweise nach.

Hannes wusste nun, was zu tun war. Unbeherrscht malträtierte er das Getriebe und ließ den Motor ohrenbetäubend aufheulen. »Genießt euren letzten Bums«, zischte er und preschte davon.

Am nächsten Tag stand die Polizei vor Hannes' Tür. Zwei betreten dreinschauende Beamte teilten ihm mit, dass seine Frau bei einem tragischen Unfall ums Leben gekommen sei. Sie hatte in einem Wohnmobil gesessen, das nachts, vermutlich beim Rückwärtswenden, ungebremst von der Molenkaje direkt in die Geestemündung gerollt war.

Am Steuer hatte ein gewisser Heiner Möller gesessen. Auch er war tot. Es wird vermutet, dass durchgeschnittene Bremsschläuche Schuld an dem Unglück waren.

Klimahaus® Bremerhaven 8° Ost

Havenwelten, Am Längengrad 8

Auf 12.000 Quadratmetern Ausstellungsfläche bietet das Klimahaus einzigartige Erlebnisse und fundierte Informationen. Die Tour entlang des achten östlichen Längengrades führt durch Kulissen, die den Originalorten auf dem Längengrad nachempfunden sind.

So erleben die Besucher zum Beispiel im nächtlichen westafrikanischen Regenwald die Gerüche und Geräusche von faszinierender Exotik. Sie spüren die trockene Hitze der Sahelzone, die Kälte des Packeises in der Antarktis oder bestaunen die grünen Schluchten auf Samoa. Faszinierend ist die beeindruckende Aquarienwelt mit Blick auf ein Riff aus lebenden Korallen. Diese einmaligen Erlebnisse werden unterstützt durch Rauminszenierungen, Multimedia-Installationen und Sinnes-Stationen.

Die Besucher erfahren, wie sich das Klima in der Vergangenheit verändert hat und wie es sich in der Zukunft entwickeln wird.

Das Klimahaus® Bremerhaven 8° Ost bietet eine weltweit einzigartige Konzeption und arbeitet mit dem Alfred-Wegener-Institut für Polar- und Meeresforschung, dem Max-Planck-Institut für

Meteorologie und dem Deutschen Wetterdienst eng zusammen.
Die Besucher sollten Zeit mitbringen, empfohlene Verweildauer: vier Stunden.

Trauung im Klimahaus:
Unter einem faszinierenden Sternenhimmel können sich Paare im Klimahaus das Ja-Wort geben. Oder heiraten mit Ausblick auf eine tropische Lagune. Kirchliche Trauungen sind möglich, standesamtliche Trauungen können leider nicht durchgeführt werden.
www.klimahaus-bremerhaven.de

Mahntafel: Gespensterschiff

Am Maschinenhaus der Klappbrücke zwischen Alter Hafen und Neuer Hafen befindet sich die Gedenktafel, die an das sogenannte Gespensterschiff erinnert.
›Im Alten Hafen und Neuen Hafen lag im Jahr
1933
das »Gespensterschiff«. Auf diesem Schiff wurden
Menschen wegen ihrer politischen Überzeugung von der SA geschlagen und gefoltert.‹
Die Rollkommandos der SA benutzen das ehemalige Minensuchboot, um politische Gegner und Gefangene auf brutalste Weise zu foltern

und zu misshandeln. Aus diesem Grund bekam das Schiff vom Bremerhavener Volksmund den Namen: Gespensterschiff.
Dieses Mahnmal soll an die Opfer des Nationalsozialismus erinnern.
Im Oktober 1948 wurden elf ehemalige SA-Männer vor dem Amtsgericht Bremerhaven im sogenannten »Gespensterschiff-Prozess« zu mehrjährigen Haftstrafen verurteilt.

Mediterraneo
Am Längengrad 12

Das Flair des Südens im rauen Norden
Auf rund 9.000 Quadratmetern präsentiert sich eine Einkaufswelt mit südländischem Flair. Das Ambiente ist einem mediterranen Stadtzentrum mit Piazza, Arkadengärten, Markt und Altstadthäusern nachempfunden. Hier lässt es sich entspannt in etwa 30 ausgesuchten Geschäften einkaufen, um danach unter der großen Glaskuppel einen Cappuccino oder leckere Köstlichkeiten der Gastronomie zu genießen.
Diese außergewöhnliche Erlebniswelt lässt sich bequem zu Fuß vom Columbus Center über die gläserne Havenbrücke erreichen. Autofahrer nehmen das Parkhaus direkt unterhalb des Atlantic Sail City und Klimahauses.

Columbus Center
Bürgermeister-Smidt-Straße

Das aus drei Wohntürmen bestehende Columbus Center gehört seit 1982 zur Skyline von Bremerhaven und ist nicht mehr wegzudenken. Über das zweistöckige Parkdeck beziehungsweise der Bürgermeister-Smidt-Straße erreicht man das Dienstleistungszentrum mit zirka 70 Einzelhandelsgeschäften, gastronomischen Betrieben, Fitness-Center, Arztpraxen, Sozialeinrichtungen, das Bürgerbüro und die Stadtbibliothek.

Über dem Dienstleistungszentrum befinden sich 555 Appartements mit einer fantastischen Hafen-Aussicht, die teilweise auch als Ferienwohnungen vermietet werden.

Erreichbar über die Parkgarage (Columbusstraße) oder Bürgermeister-Smidt-Straße.

Vom Columbus Center können Sie zu Fuß über die gläserne Havenbrücke spazieren und so die drei großen Attraktionen: Klimahaus, Mediterraneo und das Atlantic Hotel Sail City sowie den Deich erreichen.

Columbus-Denkmal

Das Denkmal vor dem Columbus Center symbolisiert die Verbindungen Bremerhavens mit den USA. Die Statue steht auf der Fußgängerbrücke des Columbus Centers zum Museumshafen und

zeigt den Entdecker Christoph Columbus, wie er die Arme verschränkt und nachdenklich in die Ferne blickt.
Das Denkmal wurde von dem Jugendstilbildhauer Professor Ludwig Habich geschaffen.

Leuchtfeuer Geestemole Süd

Auf dem Damm der Mole befindet sich das Leuchtfeuer Geestemole Süd. Ein grünes Stahlgerüst mit grünem Licht als Zeichen für Steuerbord. Die Gitterbake hat eine Feuerhöhe von 15,4 Metern und kennzeichnet die Südseite der Einfahrt in die Geestemündung.
Die Geestemole Süd wird von den Bremerhavenern auch *die Liebesinsel* genannt. Hier finden sich Liebespaare mit ihren Autos ein, hin und wieder sieht man auch Autofahrer, die traurig aufs Wasser blicken. Wenn im Herbst und im Frühjahr Sturmflutzeit ist, wird die Mole zum Anziehungspunkt um die Naturgewalten aus erster Hand zu spüren.
Die Südmole erreicht man aus Richtung Innenstadt über die Klappbrücke an der Doppelschleuse Bussestraße-Seedeich.

Weserfähre

Die Fährschiffe *Bremerhaven* und *Nordenham* verbinden die beiden Städte miteinander. Die

Überfahrt dauert zirka zwölf Minuten und bietet dem Fährgast neben würziger Seeluft einen fantastischen Blick auf die Skyline von Bremerhaven. Werktags fahren die Fähren im 20-Minuten-Takt und an den Wochenenden alle 40 Minuten.
Infos: www.weserfaehre.de

Geestemündung

Hier mündet die Geeste in die Weser.
Die Mündung wird durch die Geestemole Nord und durch die Geestemole Süd begrenzt.
Die Geestemündung ist Bremerhavens bekannteste Einfahrt.

Leuchtfeuer Geestemole Nord

Das Leuchtfeuer besteht aus einem dreigeschossigen Backsteinbau, der auf einem massiven Molenkopf steht, der mit Pfählen in die Weser gegründet ist. Das Gebäude liegt an der Backbordseite der Mündung und besitzt eine rote Kuppel mit einem roten Licht, das nachts die Schiffe durch die Einfahrt in die Geeste lotst.

Reisemobil-Parkplatz Doppelschleuse

63 Stellplätze auf 2.500 Quadratmetern bietet der Reisemobil-Parkplatz an der Doppelschleuse in

herrlicher Lage am Weserdeich nahe der Innenstadt. Er kann auch nachts angefahren werden. Für optimale Betreuung sorgt der Platzwart und steht mit Rat und Tat zur Seite.
Infos unter Tel: 0471/80936151
Reservierungen sind **nicht** möglich.

Doppelschleuse
Bussestraße – Am Seedeich

Die Fischereihafen-Doppelschleuse sichert die Zufahrt zu einem etwa 600 Hektar großen Hafen-, Gewerbe- und Industriegebiet. Sie ist eine Schleuse mit zwei Kammern, für größere Schiffe. Beide Schleusen verfügen über ein Pumpwerk. Durch die Doppelschleuse ist der Fischereihafen unabhängig von der Tide und wechselnden Wasserständen.
Der Verkehr, der über die Schleuse geleitet wird (Fahrbahn und Fußweg), führt über Klappbrücken.
Nach Überfahrt der Klappbrücke rechts abbiegen, dann erreichen Sie die *Liebesinsel,* Geestemole Süd.

FRAUENSOLIDARITÄT

Imke schaute auf die beweiskräftigen Fotos, die vor ihr auf dem Couchtisch lagen. Der Detektiv hatte erfolgreich und schnell gearbeitet. Sie hatte ihn engagiert, nachdem Martin ein neues Parfüm benutzt hatte. Ein untrügliches Zeichen, dass er wieder auf der Pirsch war. Seit Jahren tolerierte sie seine Eskapaden, aber nun war Schluss mit lustig. Sie hatte die Nase endgültig voll.

Unschwer konnte sie erkennen, dass der Detektiv die Fotos im Skulpturenpark **Thieles Garten** geschossen hatte. Wie romantisch. Pflegte ihr Ehemann neuerdings dort seine Schäferstündchen abzuhalten? Während der Detektiv zum Schein seine Freundin fotografierte hatte, war Martin im Hintergrund in eindeutiger Pose mit Jenny Küper zu erkennen. Die Sekretärin. Der Klassiker. Wie fantasielos.

Weitere Fotos zeigten ihn mit der ehrgeizigen Assistentin aus der Werbeabteilung. Wie hieß sie noch mal? Egal, der Name würde ihr noch einfallen. Beide Damen waren gut 20 Jahre jünger und gute zehn Kilo leichter als sie. An ihrem Übergewicht trug Martin eine große Mitschuld. Reine Ersatzbefriedigung waren die zahlreichen Süßigkeiten, die sie in sich hineinstopfte.

Ebenso wie der Cognac und die anderen kalorienreichen Spirituosen, die sie über den Tag brachten. So ging das nicht weiter. Sie musste grundlegend etwas ändern.

Seine Überstunden waren zwei willige Schönheiten auf einen Streich. Neben Organisationstalent waren auch andere Fähigkeiten gefordert. Wie schaffte er das? Sollte sie im Badezimmerschrank nach verräterischen blauen Pillen Ausschau halten? Im häuslichen Schlafzimmer stand er schon lange nicht mehr seinen Mann, soll heißen: Seine routinemäßig abgespulten Ehestandsbewegungen fielen eher flau aus. Selbstverständlich gab er ihr die Schuld daran.

Ertränken, erschießen, abstechen oder vergiften? Nein, sie würde sich nicht die Hände an ihm schmutzig machen. Sie nicht. Das Problem ließ sich anders lösen. Sie wusste auch schon wie.

Jenny Küper joggte mit einer Mischung aus Wut und Enttäuschung durch den **Speckenbütteler Park.** Sie hatte weder Augen für das **Weidenschloss,** noch nahm sie die **Allee der heilenden Bäume** wahr. Während sie den Bootsteich umrundete, sah sie im Geist ständig das Foto, das Martin mit der karrieregeilen Helen aus der Werbeabteilung in inniger Umarmung zeigte. Stellte sich die Frage, wer hatte das Foto in ihren Briefkasten gesteckt?

Dieser Mistkerl. In der Mittagspause hatte er ihr noch versichert, wie sehr er sie liebte und ihr einen teuren blauen Seidenschal geschenkt. Seine Beteuerung, dass er in absehbarer Zeit den »Mops«, wie er seine Ehefrau zu nennen pflegte, verlassen würde, klang ihr noch in den Ohren. Sie hatte ihm geglaubt und sich schon als Frau an seiner Seite gesehen. Wie dumm von ihr. Dumm? Nein, dumm war sie nicht. Leichtgläubig und verliebt traf ihren Zustand eher. Er hatte sie nicht nur emotional ausgenutzt, nein, zu allem Übel hatte sie freiwillig zahlreiche Überstunden geschoben und sich für seine Firma krumm gelegt.

Das würde er ihr büßen. Und Helen, die Schlampe, würde sich auch noch umgucken. Die hatte ihm mit ihren prallen Silikonglocken das Hirn vernebelt. Ihr würde schon was einfallen. Beide mussten sich in Zukunft warm anziehen. Aber ganz warm.

Auch Helen war sich ihrer Sache sicher gewesen. Ihre ehrgeizigen Pläne stürzten gerade wie ein Kartenhaus zusammen. Wütend schleuderte sie das Foto, das ihn mit Jenny zeigte, auf den Boden. Sie rätselte, wer ihr das Foto zugespielt hatte. Da traf sich der Drecksack doch glatt mit Blondi in Thieles Garten. Das muss man sich mal vorstellen! Immer wieder hatte er beteuert, dass er dieses verwunschene und so romantische Plätzchen nur für sie beide ausgewählt hatte. Alles Lüge. Wie es aussah, zog er dort immer die gleiche Nummer ab. Wie einfallslos. Sie hatte ihm mehr Fantasie zugetraut. Aber das passte zu ihm. Nur gut, dass sie ihn gar nicht liebte. Ihr Plan musste aufgehen. Sie war schon zu nahe am Ziel. Der eitle Sack hatte sich tatsächlich eingebildet, dass sie mehr für ihn empfinden würde. Er war gar nicht darauf gekommen, das infrage zu stellen. Seine Süßholzraspelei hatte sie höchst amüsiert. Er ging ganz selbstverständlich davon aus, dass ihn alle Frauen für unwiderstehlich hielten, fühlte sich zum Niederknien. Falsch gedacht. Sie stand auf ganze Kerle. Im Gegensatz zu denen machte Martin, jenseits der 50, keine gute Figur. Er war ein Mann mit Macht und Geld. Genau diese Mischung war sexy. Sie liebte Geldautomaten auf zwei Beinen. An seinem schlaffen Muskelgewebe war sie nun wirklich nicht interessiert. Nein, sie strebte nach Höherem. Ihr erstes Ziel war, die Leitung der Werbeabteilung zu übernehmen und später eine Teilhaberschaft an der Firma zu erzielen. Von ihr aus konnte er seinen Mops ruhig weiterhin zu Hause halten. Die Alte störte sie nicht. Sollte Blondi aus seinem Vorzimmer mehr Einfluss auf ihn haben als gut war, dann könnte das ihr Vorhaben erheblich gefährden. Sie musste schnellstens eine Lösung finden. Aufgeben war keine Option.

Martin wälzte sich unruhig im Bett herum. Was war mit den Weibern los? Seine Frau war, ohne ein Wort zu sagen, nach Ibiza geflogen, Jenny zickte rum, wollte keine Überstunden mehr machen, und Helen hatte ganz massiv auf Prokura gedrungen. Die Abwesenheit seiner Frau konnte er verschmerzen. Ein romantisches Wochenende würde die gutgläubige Jenny schon wieder auf Kurs bringen, nur Helens hochfliegende Karrierepläne verursachten ihm Kopfzerbrechen. Aber für jedes Problem gab es bekanntlich eine Lösung. Auf keine der drei Frauen wollte er verzichten. Imke gab seinem Privatleben Stabilität und Bequemlichkeit, Jenny, der romantische Typ, lieb und anschmiegsam, war stets darauf bedacht, ihm alles recht zu machen. Helen war eine Granate im Bett, die es auch mal hart angehen ließ. Sie stand nicht auf Liebesgeflüster und Treueschwüre. Drei so unterschiedlich gepolte Frauen waren eine feine Sache.

Imke saß auf der Terrasse des Cafés in Thieles Garten und lag keineswegs am Strand von Ibiza. Sie spürte ein Gefühl aus Vorfreude, Spannung und ein klein bisschen Grusel. Mit Jenny und Helen war sie schnell einig geworden, nachdem sie ihnen offenbart hatte, dass die Fotos von ihr stammten. Sie wollten es Martin heimzahlen. Und die Lösung des Problems war schnell gefunden. Würde ihr Plan aufgehen? Wachsam sah sie um sich. Ihr Mann durfte sie auf keinen Fall entdecken. Gespannt wartete sie auf das, was sich ihr bald bieten sollte. Hass ist ein wunderbares Mittel gegen verschmähte Liebe. Und das wollte sie in vollen Zügen genießen.

Helen stand versteckt in der Nähe des Garteneingangs hinter einer Skulptur, die einen verschmitzt grinsenden Troll darstellte. Sie beobachtete Martin, der nervös hin- und herspazierte. Geduld war nicht seine

Stärke. Jenny ließ ihn warten. Ein Umstand, den er gar nicht liebte, wie sie aus Erfahrung wusste. Seine Schritte wurden energischer, der Blick auf die Rolex häufiger. Helen empfand Schadenfreude. Sie wusste, dass er in einer Stunde einen wichtigen Termin wahrnehmen musste. Ein Quickie zwischen zwei Terminen passte zu ihm. Nur keine Zeit verlieren, jede freie Minute nutzen.

Das Objekt seiner Begierde befand sich im Anmarsch. Es konnte losgehen.

Jenny ging Martin mit strahlenden Augen entgegen. »Tut mir leid, dass ich mich verspätet habe«, flüsterte sie ihm bei der Begrüßung zärtlich ins Ohr.

»Hauptsache du bist da, mein Engel.« Er umfasste ihren Arm, zog sie ungeduldig tiefer in den Park und ließ sie neben sich her trippeln.

»Was hast du es denn so eilig? Wir haben doch noch Zeit genug«, protestierte Jenny.

»Wenn dir eine halbe Stunde reicht?«

»Wenn du mal nicht so pünktlich bist, ist es doch auch nicht schlimm, oder?«

»Wie du weißt, trenne ich Privates und Geschäftliches grundsätzlich.«

»Ach ja?«

Hörte er da so etwas wie Ironie? Für unsinnige Diskussionen war jetzt keine Zeit. Mit Nachdruck schob er sie ins Unterholz. Er kannte die Stelle gut, sie war relativ sicher vor neugierigen Blicken verborgen. Zum

Glück waren um diese Uhrzeit nur wenig Spaziergänger unterwegs. »Kann losgehen, komm, mach hinne.«

Schneller als Jenny gucken konnte, nestelte seine rechte Hand ungeduldig am Hosenschlitz, während sich die linke unter ihre Bluse schob.

»Die kleine Katze braucht den wilden Tiger.« Sie konnte sich nur mit Mühe ein Lachen verkneifen. Wie albern war das denn? Er hörte es gern, wenn sie ihn beim Sex mit einem Raubtier verglich. Aber bitte schön mit einem möglichst großen.

Mit einem erregten Keuchen schob er hastig ihren Rock hoch und drückte sie gegen den Baumstamm.

»Stellungswechsel, mein Tiger. Heute lehnst du dich mal mit dem Rücken an den Stamm. Und schön die Hände nach hinten. Augen zu, ich habe eine kleine Überraschung für dich.«

Ein neues Liebesspiel, wunderte er sich und folgte brav und ahnungslos zugleich ihren Anweisungen. Endlich zeigte sie mal Eigeninitiative.

»Ich war gestern im Kino. Fifty Shades of Grey. Ich habe gut aufgepasst.«

Beim Klicken der Handschellen riss er die Augen auf und erstarrte vor Schreck. »Helen? Was machst du denn hier?«

»Du liebst doch Fesselspiele, Tiger.« Helen lächelte ihn boshaft an. Jenny, die sich hinter dem Baum befand, schlang einen blauen Seidenschal um seinen Hals und zog langsam, aber kräftig zu. »Das ist doch genau dein Ding. Wolltest du nicht schon immer mal Bondage ausprobieren? Höherer Lustgewinn durch mangelnde Sauerstoffzufuhr. War das nicht dein Vorschlag? Vielleicht hast du Jenny dafür den Schal geschenkt? Zutrauen würde ich dir das.« Helen gab Jenny ein Zeichen, fester zuzuziehen. Martin hing röchelnd am Baumstamm, Zunge und Augen quollen hervor.

»Schau mal, wer sich noch von dir verabschieden möchte.«

Entgeistert starrte Martin seine Ehefrau an, die mit einer Digitalkamera im Anschlag, satanisch grinsend, auf ihn zukam.

»Der dicke Mops möchte ein letztes Foto vom größten Armleuchter dieser Welt schießen.« Sie zielte mit der Kamera auf sein bisher bestes Teil, das, von Hose und Slip befreit, versuchte, sich feige im schlaffen und faltigen Gewebe des Hodensacks zu verkriechen.

Seine Beine zappelten unkontrolliert, die Luft blieb ihm weg und sein Flüstern war kaum mehr zu verstehen: »Was soll das? Was wollt ihr von mir?«

»Gerechtigkeit. Schon mal was von Frauensolidarität gehört?«

Wie durch einen Schleier sah er in ein dreifaches Siegerlächeln. Das Spiel war aus.

»Mach ihn los«, forderte Imke. »Einen so schönen Ort zum Sterben hat er nun wirklich nicht verdient.«

Thieles Garten
Mecklenburger Weg 100

Thieles Garten ist ein märchenhaftes Kleinod der Seestadt. Die 20.000 Quadratmeter große Parkanlage am Mecklenburger Weg liegt im Stadtteil Leherheide. Betritt man die märchenhafte Parkidylle, taucht man ein in eine Welt voller Zauber und Fantasie. Verschlungene Wege, Teiche, alter Baumbestand, exotische Pflanzen, ein Haus im Maurischen Stil, eine Moorkate und zahlreiche Skulpturen lassen den Besucher staunen.
1923 erwarben die Brüder Gustav und Georg Thiele das Grundstück und verwandelten es zu einer Fantasielandschaft jenseits aller Hektik des Alltags. Georgs Ehefrau, die Malerin Grete Itzen, stand für viele der Skulpturen Modell.
1985 kaufte die Stadt Bremerhaven das Anwesen und renovierte die Anlage und die Skulpturen.
1987 Gründung des Fördervereins *Thieles Garten*.
Der Garten ist frei zugänglich.
Hier findet eine Vielzahl an Kulturveranstaltungen in zauberhafter Atmosphäre statt.
www.thieles-garten.de

Weitere Freizeittipps in Leherheide:

Bad 1 (Leherheide)

Kurt-Schumacher-Straße 14

Der Badegast findet hier vielfältige Entspannungsmöglichkeiten: zum Beispiel eine 78 Meter Black-Hole-Riesenrutsche, ein Trimmbecken mit Strömungskanal, einen Whirlpool, ein Erlebnisbecken mit Whirlliegen, Unterwasser-Massagedüsen, Brust- und Nackenduschen sowie Bodenbrodel und Wasserfall. Das beheizte Außenwarmbecken kann auch in der kalten Jahreszeit genutzt werden. Angeboten werden: Babyschwimmen, Schwimmkurse, Kindergeburtstage und Aqua-Kurse.

Großer Beliebtheit erfreut sich in der dunklen Jahreszeit das Mondscheinschwimmen: jeden Freitag um 18 Uhr.

www.baeder-bhv.de

Spielpark Leherheide

Kurt-Schumacher-Straße 82

Der Spielpark Leherheide ist ein 34.000 Quadratmeter großes, parkähnliches Areal und bietet ein weit gefächertes Freizeitangebot, das seinesgleichen sucht.

Abenteuer- und Wasserspielplatz, Tobeplatz, Tennis-, Fußball-, Federball- und Grillplatz, ein Spiel- und Badesee.

Kostenlose Spielgeräteausgabe. Die Betreuung erfolgt durch pädagogisches Fachpersonal.

Ob Kindertheater, Kinderzirkus, Fahrradtouren oder Abenteuerspiele im Freien, alle Aktivitäten sind für Kinder kostenlos.
www.leherheide.de

Skateranlage
Im Spielpark Leherheide

Die etwa 1.200 Quadratmeter umfassende Skateranlage richtet sich an Skateboarder und BMX-Fahrer. Den BMX-Bereich gestalten große Holzrampen, der Baustoff Beton verleiht dem Skaterbereich ein modernes, stylisches Gesicht. Die Platzform wurde einem Auge nachempfunden. Die Iris bildet das zentrale Element, das von allen Seiten befahren werden kann.

Freizeittreff Leiderheide
Ferdinand-Lasalle-Straße 68

Der Freizeittreff bietet in erster Linie freizeitpädagogische Angebote für Kinder, Jugendliche und junge Erwachsene. Beispiele: gemeinsames Kochen, Tanzen, Sportgruppen, Spielangebote und vieles mehr.
Der Freizeittreff befindet sich auf dem Gelände der Karl-Marx-Schule. Hier stehen 1.500 Quadratmeter zur Durchführung von Angeboten und Projekten zur Verfügung. Das große Außengelände bietet viele Möglichkeiten für sportliche Aktivitäten.

Kinderprojekt Sonnenblume e. V
Hans-Böckler-Straße 70

Von Montag bis Freitag 14 bis 18 Uhr stehen den Kindern mindestens fünf Betreuer als Ansprechpartner und Bezugspersonen zur Verfügung.
Angebote: Tägliches Mittagessen, Hausaufgabenhilfe, PC-Training, Einzelnachhilfe (zum Beispiel in Mathematik, Deutsch und Englisch), kreatives Gestalten, Spiel und Spaß, Tanz AG, Theater AG, Spielenachmittag, Lesenacht und Außenaktionen.
Die Sonnenblume öffnet auch während der Ferien und bietet ein besonderes Ferienprogramm an.
Alle Aktivitäten sind kostenlos.
www.sonnenblume-bremerhaven.de

Stadtteilbibliothek Leherheide
Hans-Böckler-Straße 39

Im Neubau der Stadtteilbibliothek Leherheide stehen den Besuchern 28.000 Medien zur Verfügung: Kinderbücher, Romane, Sachbücher, Hörbücher, Musik-CDs, DVDs, CD-ROM, Zeitungen und Zeitschriften.
Drei kostenlose Internetplätze, die auch als Schreibstationen, beispielsweise für Bewerbungen, genutzt werden können. W-LAN steht ebenfalls kostenlos zur Verfügung.
Leserinnen und Lesern, die die Bibliothek nicht

selbst aufsuchen können, werden die Medien als »Bücher auf Rädern« direkt nach Hause gebracht.
www.stadtbibliothek-bremerhaven.de

Speckenbütteler Park / Gesundheitspark Speckenbüttel

Der Speckenbütteler Park ist die älteste Grünanlage Bremerhavens.

2009 wurde der Park in *Gesundheitspark Speckenbüttel* umbenannt. Gesundheitsbewusste und sportbegeisterte Besucher finden zahlreiche attraktive Nutzungsmöglichkeiten: Fitnessparcours mit modernen Fitnessgeräten für Jung und Alt, eine Kneipp-Wassertretanlage im Bootsteich und eine Finnbahn zum gelenkschonenden Laufen, Hochseilgarten, Basketballplatz und BMX-Bahn.

Weitere Freizeittipps im Gesundheitspark Speckenbüttel:

Parktor Speckenbüttel

Das Parktor Speckenbüttel ist eine der Sehenswürdigkeiten von Bremerhaven und das Wahrzeichen vom Ortsteil Speckenbüttel. Es ist im Stil des Historismus süddeutscher Burgen entworfen und markiert den Eingang zum Park an der

Parkstraße. Das Parktor ist eine massive, rechteckige Toranlage mit einem steilen roten Walmdach. Zwei Rundtürme flankieren davor das Tor. Das Leher Wappen mit den gekreuzten Sensenblättern befindet sich über der Einfahrt.

2009 wurde das Parktor Speckenbüttel unter Denkmalschutz gestellt.

Freilichtmuseum im Gesundheitspark Speckenbüttel

Historische Bauernhäuser mit Geesthofanlage und Marschenhaus

Die Geesthofanlage umfasst das Rauchhaus von 1625, Altenteilerhaus, Schafstall, Moorkate und Backhaus.

Marschenhaus

Das ursprüngliche Marschenhaus war der ehemalige Hof eines wohlhabenden Bauern aus Sandstedt in der Wesermarsch aus dem Jahr 1731. Bei dem heutigen Haus handelt es sich um den getreuen Nachbau des 1927 nach Speckenbüttel umgesetzten Originalbaus, der 1946 einem Brand zum Opfer fiel.

Auf der Diele des Nachbaus von 1968–73 werden heute volkskundliche Sammlungen und Handwerksgeräte der Geschichte von Marsch, Moor und Geest präsentiert.

Im Marschenhaus und auf dem Geesthof finden vielfältige Veranstaltungen statt.

Veranstaltungskalender: www.bauernhausmuseum-bremerhaven.de

Bockwindmühle

Die Bockwindmühle steht auf einem Hügel am Eingang des Speckenbütteler Parks. Sie wurde 1984 bis 86 nach altem Vorbild vom holländischen Mühlenbauer Molema errichtet.

Theatrales Lichterspektakel

Einmal im Jahr lockt das große Theatrale Lichterspektakel mit Lichterereignissen und Illuminationen in den Speckenbütteler Park.
Im Eingang an der Bockwindmühle / Wurster Straße begegnet den Besucherinnen und Besuchern Feuer und Musik. Mit Lichterwesen, Lichtinstallationen, Glühwürmchen, Elfen, Blitzen, Feuerwerk rund um den Bootsteich überraschen geheimnisvolle Ereignisse im Rosengarten, im Weidenschloss und auf abgelegenen Pfaden die Besucher.
Zahlreiche Akteure, Masken- und Theatergruppen, Sport- und Tanz- und Ballettabteilungen, Feuerkünstler, Akrobaten und viele mehr beteiligen sich an diesem einmaligen Lichterspektakel. Zum Abschluss findet ein großes See-Feuerwerk statt.
Veranstalter: Kulturbüro Bremerhaven

Spielplatz

Zwischen Bockwindmühle und Bootsteich befindet sich der naturnahe Spielplatz auf einer großen Spielwiese, der von einem großen Holzdrachen bewacht wird. Spielgeräte zum Hangeln und Klettern, Netze, Seile und Rutschstangen, sowie eine Balancierstrecke, Nestschaukel und Drehscheibe laden die Kinder zum Spielen und Toben ein. Ganz in der Nähe befinden sich ein Barfußpfad, ein Grillplatz und ein Fitness-Parcours mit Streetballplatz.

Bootsteich

Beim Rudern oder Tretbootfahren kann man die schöne Parkidylle vom Wasser aus genießen. Die Wasserscheuen können eine Runde Minigolf spielen.

Bootshaus

Hier kann der Gast nicht nur gesund und lecker speisen, sondern auch den schönen Ausblick auf den Bootsteich genießen.

Weidenschloss

Ein Schloss im Speckenbütteler Park, das lebt. Aus 400 Kubikmetern Weidenstämmen ist 2003 ein Bauwerk entstanden, an dem sich 350 Helfer unter Federführung des Schweizer Lebendbau-

architekten und Bau- und Aktionskünstlers Marcel Kalberer beteiligten. Es ist Norddeutschlands größtes lebendes Bauwerk.
Hier kann man die Seele baumeln lassen, träumen und entspannen.
Es wurden zirka 400 Kubikmeter Weidenstämme und Weidenäste, 1.000 Meter Stahlrohrverstrebungen, 5.000 Meter Kokosschnur und 1.000 Meter Polyesterseil verwendet. Das lebende Bauwerk verfügt über sechs Seitenkuppeln und eine Zentralkuppel.
www.weidenschloss-ev.de

Allee der heilenden Bäume

Die 290 Meter lange Allee der heilenden Bäume vereint verschiedene Baumarten mit gesundheitsfördernden Wirkstoffen. Schilder mit Angaben zu Wirkstoffen und Wirkung befinden sich in unmittelbarer Nähe zu den Bäumen.
Die Allee führt vom Marschenhaus bis zum Bootsteich.
Am Ufer des Bootsteiches liegt der Yin und Yang-Platz. Von hier aus lässt sich auch die zentrale Fontäne im Bootsteich steuern.

FÜR IMMER MEIN

Nach der Chorprobe trat Nele aus dem **Stadttheater** auf den Theodor-Heuss-Platz und sah ihn dort stehen. Sie hatte befürchtet, dass er wieder da sein würde. Der Schweiß brach ihr aus, das Herz raste und nur mit Mühe bekam sie das Zittern in den Griff. Er löste sich vom Gitter des **Bürgermeister-Smidt-Denkmals** und kam zielstrebig auf sie zugeeilt. Ein maliziöses Lächeln auf den Lippen. Und wieder trug er einen Blumenstrauß vor sich her. Heute weiße Lilien. Ein schmalbrüstiges und harmlos wirkendes Männchen, unauffällig und blass. Aber brandgefährlich.

»Woher weißt du, dass ich Probe hatte?«

»Ich kenne jeden deiner Schritte. Ich bin immer in deiner Nähe«, antworte er mit leiser und eindringlicher Stimme, die ihr Angst machte. »Du magst doch Lilien?« Mit ausladender Geste hielt er ihr den Blumenstrauß hin.

Sie fasste allen Mut zusammen und schob den Strauß von sich weg. »Ich will keine Blumen von dir und ich will auch nicht, dass du mir ständig nachstellst. Wie oft denn noch? Lass mich endlich in Ruhe.«

Kurzzeitig verfinsterte sich sein Gesicht, um gleich darauf wieder zu lächeln. »Du wirst mich nicht los, Julia. Dein Romeo weiß, dass du ihn liebst. Du brauchst noch Zeit, die werde ich dir geben.«

»Ich heiße nicht Julia. Verschwinde endlich aus meinem Leben.« Nele sah sich Hilfe suchend um und stellte fest, dass bereits einige Passanten auf sie aufmerksam geworden waren.

Er trat dicht an sie heran und flüsterte in ihr Ohr: »Du bist *meine* Julia. Du gehörst *mir*.«

Sie spürte seinen heißen Atem und erschauerte. »Wenn du nicht sofort gehst, schreie ich.« Sie starrte mutig in sein wutverzerrtes Gesicht und wusste, dass sie einen Fehler gemacht hatte.

»Tu es lieber nicht. Du wirst es bereuen. Ich steh hier ganz harmlos und möchte dir doch nur Blumen schenken. Kein Grund zum Schreien.«

Sie musste ihm recht geben. Es wusste ja niemand der Umstehenden, dass er ein Stalker war, der sie seit Wochen verfolgte, ständig vor ihrem Haus auf sie wartete, ihr Blumen schickte, sie mit Anrufen bombardierte, ihr Nachrichten im Briefkasten und an den Wischblättern ihres Autos hinterließ.

Als sie gestern durch den **Bürgerpark** gejoggt war, hatte er stumm wie ein Mahnmal vor dem Bootshaus gestanden. Er war ihr nicht gefolgt, aber als sie schweißgebadet ihr Auto erreicht hatte, das sie im Kammerweg geparkt hatte, hatte dort wieder eine seiner Liebeserklärungen an der Windschutzscheibe geklebt.

Ihre Nerven lagen blank. Sie konnte nicht mehr schlafen, nicht mehr essen, patzte bei der Chorprobe und traute sich kaum mehr, das Haus zu verlassen. Physisch und psychisch war sie mittlerweile angeschlagen. Sie hatte die Kontrolle über ihr Leben verloren. Ständig fühlte sie sich verfolgt und beobachtet. Er war ein Monster. Gerade noch charmant, konnte er aggressiv werden, wenn sie ihm Ablehnung entgegenbrachte. Dann ging etwas Böses und Bedrohliches von ihm aus, das sie erschauern ließ. Sie traute ihm mittlerweile alles zu.

»Mich wirst du niemals los, merk dir das. Ich kann auch anders«, zischte er, zitternd vor Wut, drehte sich abrupt auf dem Absatz um und lief mit federnden Schritten Richtung **Hochschule** davon. Die Lilien warf er achtlos auf das Straßenpflaster.

Nele setzte sich auf die Treppenstufen des Stadttheaters und versuchte zur Ruhe zu kommen. Sie fühlte sich hilflos und seinen Angriffen schutzlos ausgeliefert. Er würde wiederkommen. Panische Angst kroch in ihr hoch. Das Herz schlug ihr bis zum Hals. Sie stand kurz vor einer Panikattacke. Womit würde er sie als Nächstes quälen?

Seine Welt war Julia. Warum konnte sie sich nicht auf ihn einlassen? Romeo und Julia gehörten zusammen. Früher oder später musste sie es einsehen. Er schaute verliebt auf die Wand in seinem Schlafzimmer, gespickt mit Fotos seiner Angebeteten. Hingebungsvoll schnüffelte er an ihrem Slip, den er hatte mitgehen lassen, und kicherte. Sie hatte nicht bemerkt, dass er schon mehrmals in ihre Wohnung eingedrungen war. Ein Kinderspiel bei dem alten Türschloss. Liebevoll hatte er all die kleinen Dinge berührt, die ihr ans Herz gewachsen waren, hatte sich mit ihrem Parfüm eingesprüht, den Duft ihrer Wäsche tief eingeatmet. Wie oft hatte er in ihrer Küche gesessen, an der Butter geleckt, die sie sich später ahnungslos aufs Brot gestrichen hatte. Der Gedanke, dass sich sein Speichel mit dem ihren vereinte, erregte ihn jedes Mal aufs Neue. Er kicherte wieder. Es waren großartige Stunden, die er in ihrem Reich zubrachte. Das Schönste hatte er sich stets bis zum Schluss aufbewahrt: Ihren Wäschekorb. Den Kopf tief darin vergraben, geilte er sich so richtig auf, ergötzte und berauschte sich an ihren intimsten Düften.

Heute hatte sie ihn richtig böse werden lassen. Sie musste aufpassen, dass sie es nicht zu weit trieb. So durfte sie nicht mit ihm umgehen. Er hatte ihr doch mit den Lilien nur eine Freude machen wollen. Er konnte auch anders. Ganz anders.

»Du musst zur Polizei gehen. Das nächste Mal bringt dich der Psycho womöglich um.« Katharina sah ihre Freundin Nele beschwörend an.

»Was soll ich denn sagen? Dass mir ein Mann Blumen schickt, dass er mich ständig anruft, mich mit Mails und Liebesbriefen überhäuft? Dass der gestört ist? Das sind keine Straftaten. Auf mich hat er anfangs auch relativ normal gewirkt. Mir glaubt doch kein Mensch, was das für ein durchgeknallter Freak ist.«

»Aber du fühlst dich doch bedroht. Du gehst kaum mehr raus, du verbarrikadierst dich, deine Rollläden sind ständig runtergelassen. Du bist bald reif für die Klapse.«

»Ich habe keine Beweise, dass er mich bedroht.«

»Und die Zettel im Briefkasten und an deinem Auto?«

»Er schreibt ja nur, dass er mich wiedersehen will, wie schön er mich findet, oder dass er immer in meiner Nähe ist. Ich glaube nicht, dass die Polizei das als Drohung ansieht. Da muss bestimmt erst was Schlimmes passieren, bevor die einschreiten. Womöglich halten die mich für hysterisch und nehmen mich nicht ernst.«

»Ich würde es trotzdem versuchen. Vielleicht kann man dich beraten, wie du dich verhalten sollst. Wer weiß denn, was der sich noch einfallen lässt, wenn du dich nicht mit ihm triffst. Der kann nicht mit Abweisung umgehen. Mensch, der ist hochgradig krank im Kopf. Was hältst du davon, wenn du dein Äußeres veränderst? Deine Haare färbst oder kurz schneidest?«

»Warum das denn?«

Katharina setzte sich zu Nele aufs Sofa und legte beruhigend den Arm um die Freundin. »Pass mal auf, ich habe gestern Bücher über Stalking in der **Stadtbibliothek** ausgeliehen und gelesen, dass bei Stalkern eine Projektion nicht unüblich ist. Vielleicht hatte der mal eine Freundin, die ihn abserviert hat und der du ähnlich siehst. Und nun überträgt er seine unerwiderte Liebe und all seine Gefühle auf dich. Wenn du dein Äußeres veränderst, könnte sein übersteigertes Interesse an dir nachlassen. Du bist dann vielleicht nicht mehr interessant für ihn.«

»Meinst du wirklich? Ich rasiere mir auch eine Glatze, wenn der Typ dann endlich aus meinem Leben verschwindet.«

»Muss ja nicht gleich eine Glatze sein. Aber versuch es doch mal mit einer Veränderung.«

»Mach ich.«

»Super.«

»Ich hab so viel Schiss vor meinem Auftritt heute Abend. Am liebsten würde ich absagen.«

»Das machst du nicht. Dann hat er ja erreicht, was er will. Der ist so krank, dass er das womöglich als Liebeserklärung ansehen würde.«

»Er taucht heute Abend garantiert auf. Der Auftritt wurde ja mehrfach in der Nordsee-Zeitung und im Sonntagsjournal angekündigt.«

»Du musst keine Angst haben, ich bin ja da. Ich werde schon mit dem Schwein fertig.«

»Falls er kommt, siehst du ihn endlich mal. Vielleicht sollte ich ganz ruhig mit ihm reden?«

»Bloß nicht. Das wird ihn nur ermutigen. Du weißt nicht, was ihm dann noch einfällt. Versprich mir, dass du dich nie mit ihm allein triffst.«

Nele nickte. »Versprochen.«

»Nun sing dich für heute Abend ein und zieh dir was Schönes an. Wir treffen uns im **Metropol.**«

Bevor Nele das Haus verließ, spähte sie aus dem Wohnzimmerfenster auf die Goethestraße. Die Luft schien rein. Aber was sagte das schon? Er konnte in der Dunkelheit hinter jedem Auto, in jedem Hauseingang auf sie warten. Die Angst vor ihm war ihr ständiger Begleiter.

Die Absätze ihrer High Heels klapperten laut auf dem Straßenpflaster. Nele fühlte sich beobachtet. Sie lief schneller. Nur noch ein paar Schritte bis zu ihrem Auto. Verdammt. Schon wieder eine Nachricht hinter dem Scheibenwischer: ›Viel Erfolg, dein Romeo‹.

Nele fand einen Parkplatz in der Potsdamer Straße. Auf dem Kiez war einiges los. Durch die Lessingstraße fuhren die Freier im Schritttempo. Die kaum bekleideten Sexarbeiterinnen posierten in den Koberfenstern des gegenüberliegenden *Candy-House* und lockten die Männer mit eindeutigen Gesten an.

Eine heftige Windböe erfasste sie. Für die Nacht war Sturmflut angesagt. Aufmerksam checkte sie die Umgebung. Die Luft schien rein. Durch die großen Fenster der Gaststube sah sie, dass das Metropol bereits eine Stunde vor Vorstellungsbeginn gut besucht war. Der Wind verfing sich in ihrer Frisur. Schnell öffnete sie die Tür und schlüpfte, nicht ohne sich nochmals hektisch umzudrehen, in die Gaststube.

Katharina erwartete sie direkt hinter der Tür. Sie drängelte sich zur Theke durch und begrüßte die

Wirtsleute Ute und Werner, mit denen sie seit Jahren befreundet war. An der Theke, die bis auf den letzten Hocker besetzt war, saßen einige Bekannte, die sie herzlich begrüßten. Ihre Blicke irrten suchend durch die gut gefüllte Gaststube. Noch sah sie ihn nicht, aber das konnte sich schnell ändern. Nele vermutete, dass er sich ihren Auftritt nicht entgehen lassen würde.

Hier hatten sie sich nach ihrem letzten Auftritt kennengelernt. Er hatte an der Theke gesessen und sie nicht aus den Augen gelassen. Ahnungslos hatte sie den von ihm spendierten Drink angenommen und geschickt hatte er sie in ein Gespräch verwickelt. Nichts Ungewöhnliches hier. Es ging im Metropol familiär und freundschaftlich zu.

»Mein Name ist Romeo … Der Name ist Programm. Das wirst du noch spüren.« Den Spruch hatte sie nicht ernst genommen und ihn für einen Gag gehalten. Ein fataler Fehler. Wie verhängnisvoll diese Begegnung für sie werden sollte, hatte sie zu diesem Zeitpunkt noch nicht ahnen können.

Raffiniert hatte er ihr das Gefühl vermittelt, ein nicht unbekannter Gast zu sein. Tage später sollte sie von Ute erfahren, dass er ihr völlig fremd war. Nach dieser Begegnung wurde er ihr ständiger Begleiter.

Ute führte sie in den Nebenraum, der als Garderobe diente. »Hab keine Angst. Ich pass auf, den erkenne ich garantiert wieder. Werner schmeißt ihn dann raus.«

»Das beruhigt mich.« Nele ging an die Fenster und zog die Gardinen zu.

»Du kennst doch Werner. Auf den ist Verlass.«

Ja, das stimmte. Nele fühlte sich tatsächlich etwas sicherer. Werner war kein Mann der vielen Worte, sondern ein Mann der Tat.

Es waren noch 20 Minuten bis zu ihrem Auftritt. Von Zeit zu Zeit gab sie hier Liederabende. Heute sang sie Chansons von Hildegard Knef. Nachdem sie ihr schwarzes Paillettenkleid angezogen und sich geschminkt hatte, ging sie nervöser als üblich ihr Repertoire durch. Sie war fahrig und hatte Mühe, sich zu konzentrieren. Beginnen würde sie mit *Eins und eins, das macht zwei.* Immer ein guter Einstieg. Sie schrak zusammen, als sich die Tür langsam öffnete. Gleich darauf fiel ihr ein Stein vom Herzen. Nur ihr Klavier-Begleiter, in der Hand zwei Gläser Sekt. Sie waren ein eingespieltes Team und brauchten nicht lange, um den Ablauf des Abends abzusprechen.

In der Pause mischte sie sich unter die Gäste. Keine Spur von ihm. Werner zapfte stoisch Bier und nickte ihr aufmunternd zu. »Sei ganz ruhig. Ich regle das schon.«

Dennoch blieb sie wachsam. Immer die Eingangstür im Blick, kontrollierte sie mit den Augen auch die Fenster. Einen Moment lang glaubte sie, sein Gesicht hinter der Scheibe erkannt zu haben.

»Bis jetzt lief doch alles gut. Der traut sich bestimmt nicht hier rein«, beruhigte Katharina sie und zog sie zum Stammtisch, an dem sie herzlich begrüßt wurden.

»Da bin ich mir nicht so sicher. Noch ist der Abend nicht zu Ende.«

Mit äußerster Konzentration brachte sie den zweiten Teil des Programms hinter sich. Immer wieder spukte sein Gesicht vor ihren Augen.

Brausender Applaus war ihr Lohn. Als Zugabe sang sie *Für mich soll's rote Rosen regnen.*

Wie aufs Stichwort betrat der indische Blumenmann, der bei jeder Veranstaltung auftauchte, die Gaststube und stellte sich neben die Jukebox aus den 50er-Jahren. Den Arm voller dunkelroter Rosen. Freundlich lächelnd hielt er sich während ihres Gesangs bescheiden im Hintergrund. Als ein Gast eine Rose kaufen wollte, schüttelte er verlegen den Kopf und signalisierte, dass alle Rosen für Nele bestimmt waren.

Sie hatte die Situation sofort erfasst. Tapfer sang sie das Lied zu Ende. Den Applaus nahm sie wie durch dichten Nebel wahr, verbeugte sich und floh in die Garderobe. Katharina folgte ihr auf dem Fuß.

»Ist der von ihm?« Ute brachte den Rosenstrauß in die Garderobe, zog den Umschlag heraus und reichte ihn Nele. Sie hielt es für besser, ihr nicht zu erzählen, dass Romeo gerade versucht hatte, das Metropol zu betreten. Werner hatte ihn mit leichtem Körpereinsatz erfolgreich davon abhalten können.

»Ich befürchte es. Wer sonst schenkt mir einen so großen Strauß? Und ausgerechnet rote Rosen?« Mit fahrigen Händen riss sie das Kuvert auf. Der ersten Strophe aus *Der Mann für dich* folgte:

›Schade, dass du unser Lied heute nicht gesungen hast, mein Engel. Ich habe dich den ganzen Abend beobachtet. Warum warst du so nervös? Ich freue mich auf dich.

Dein Romeo‹

Wie krank war das denn? Unser Lied? Woher wusste der Zombie, dass sie das Lied nicht gesungen hatte? Also hatte er sie den ganzen Abend beobachtet? Wie hatte er das angestellt? Hatte er sich unerkannt unter die Gäste gemischt? Dann hätte sie ihn sehen müssen. So groß war das Metropol nun auch wieder nicht. »Scheiße, Scheiße, Scheiße«, schrie sie laut und raufte sich die Haare. Kalter Hass, Wut, große Angst und Verzweiflung wechselten sich ab.

Katharina nahm sie besorgt in den Arm. »Entspann dich. Komm mal runter. Er kann dir hier nichts tun.«

»Sprich doch mal mit Freddy von der Ortspolizeibehörde, der sitzt an der Theke«, schlug Ute vor.

»Was soll das bringen? Ich hab mich doch schon erkundigt. Ich weiß weder seinen richtigen Namen, noch weiß ich, wo er wohnt. Und beweisen kann ich auch nichts. Bisher hat er sich mir nur genähert, wenn keine Zeugen dabei waren. Ich hab mir schon das Merkblatt für Stalking-Betroffene aus dem Internet heruntergeladen. Vor einigen Tagen habe ich eine Geheimnummer beantragt. Aber das dauert. Und bei Facebook habe ich mich auch abgemeldet.«

»Erstatte Strafanzeige bei der Polizei. Oder soll er dich vorher umbringen?«

»Ich hatte gehofft, der gibt auf. Aber morgen geh ich ganz bestimmt zur Polizeibehörde. In der Hinrich-Schmalfeldt-Straße soll es, das habe ich zumindest gehört, eine Beratungsstelle für Stalking-Opfer geben. Ich lass mir das nicht länger gefallen.«

»Gute Entscheidung. Das hättest du längst machen sollen. Der Psychopath kann doch nicht dein ganzes Leben bestimmen.«

»Komm jetzt mit raus und lass dich feiern.« Resolut nahmen Ute und Katharina sie unter die Arme und zogen sie in den Gastraum, wo sie von den Gästen bereits erwartet wurde. Zu diesem Zeitpunkt konnte sie nicht ahnen, welch dramatisches Ende der Abend nehmen sollte.

Er schäumte vor Wut. Was war dem Wichser von Wirt eingefallen, dass er wie ein angestochener Stier hinter der Theke hervorgerast kam und ihn nicht reingelassen hatte? Einlass nur für Stammgäste? So demütigte ihn keiner.

Er hatte den ganzen Abend in der Fritz-Reuter-Straße zugebracht. Von dort hatte er gute Sicht und konnte seine Julia durch die Fenster beobachten. Seine Kamera hatte ein hervorragendes Teleobjektiv. Nachdem er dem Blumenmann alle Rosen abgekauft und ihn damit ins Metropol geschickt hatte, wollte er sich persönlich davon überzeugen, wie sich

Nele über die Rosen freute. Er wollte ihr ganz nahe sein. Aber daran hatte ihn ja dieser wild gewordene Wirt gehindert.

Äußerst erregt lief er Richtung Rickmersstraße davon, vorbei an halb nackten Prostituierten, die auf dem Bürgersteig die Männer massiv anmachten. Unflätig beschimpfte er eine von ihnen und stieß sie brutal gegen die Hauswand. Der Sturm war heftiger geworden, der Regen peitschte ihm ins Gesicht. Liebevoll strich er über die scharf geschliffene Klinge seines Messers, das er in der Manteltasche verborgen hielt. Sie war schon einmal durch die Haut einer Schlampe geglitten, die nicht hatte einsehen wollen, dass er ihr Romeo, ihr Mister Right war. Sie hatte auch seine Liebe nicht erwidern wollen. Er hatte genug Geduld mit Nele gezeigt. Nun war Schluss. Ein solches Verhalten konnte er ihr nicht durchgehen lassen.

Nele hatte sich vor dem Haus von Katharina verabschiedet. Beim Öffnen ihrer Wohnungstür stutzte sie. Sie war sich sicher, dass sie abgeschlossen hatte. Auf Zehenspitzen und mit einem äußerst mulmigen Gefühl betrat sie leise ihre Wohnung. Sie spürte sofort, dass sie nicht allein war. Wie angewurzelt blieb sie auf der Schwelle der Wohnzimmertür stehen. Die Situation übertraf ihre schlimmsten Vorstellungen: Harmlos lächelnd saß er bei Kerzenschein auf ihrer Couch, in der Hand ein Glas Rotwein.

»Da bist du ja endlich, komm, setzt dich zu mir.«

Die Stimme klang einschmeichelnd und bedrohlich zugleich. Ein Wolf im Schafspelz.

Ihre Knie waren butterweich. Der Schock saß tief. Am ganzen Körper zitternd, war sie einem Ohnmachtsanfall nahe. Wie sollte sie sich verhalten? Auf keinen Fall durfte sie ihn reizen. Sie war allein und ihm hilflos ausgeliefert.

»Was machst du hier? Wie kommst du in meine Wohnung?« Ihre Stimme überschlug sich.

»Du warst lange weg, meine Julia. Komm und setz dich zu mir. Es war ein wundervoller Abend. Du hast so schön gesungen. Leider hast du mich nicht dabeihaben wollen. Das war nicht schön von dir, mein Engel.«

Der Typ war wahnsinnig. Sie durfte sich keinen Fehler erlauben. »Wer sagt das? Du warst doch gar nicht da.«

»Ich bin immer in deiner Nähe. Das hab ich dir doch versprochen. Wo sind die Rosen?« Seine Stimme hatte wieder diesen unheimlichen und bedrohlichen Unterton. Er stand auf, berührte im Vorbeigehen ihren Arm, schloss die Wohnungstür ab und steckte den Schlüssel in seine Hosentasche. »So, nun sind wir allein, uns kann keiner stören.«

Was er damit meinte, war klar. Wie sollte sie sich jetzt verhalten? Was sollte sie tun? Um Hilfe schreien?

»Wo sind die Rosen?«

»Die sind sehr schön. Ich wollte sie bei dem starken Sturm nicht mitnehmen. Ich hole sie morgen.«

Skeptisch musterte er sie von oben bis unten. »Sollte meine Julia endlich vernünftig werden? Das kann ich dir nur raten. Gib zu, dass du dich freust, dass ich hier bin. Du liebst mich doch. Wir beide vereint – du wirst sehen, wie unvergesslich diese Nacht wird.«

Der Gedanke, er könnte sie hier festhalten und womöglich … Nein, das mochte sie nicht zu Ende denken. Ihr musste etwas einfallen.

»Du darfst dich nicht dagegen wehren. Komm, ich möchte darauf anstoßen, dass du ab heute nur noch mir gehörst.«

»Ich muss noch mal ins Bad. Bin gleich zurück.« Sie wusste, dass sie sich in größter Gefahr befand und überlegte fieberhaft, wie sie aus dieser Situation heil herauskommen konnte.

»Dein Handy bleibt hier, Liebste.« Fordernd streckte er den Arm aus.

Widerstandslos ließ Nele sich das Handy abnehmen. Auf dem Flur bemerkte sie, dass die Schlafzimmertür offen stand. Ihr Bett war übersät mit roten Rosenblättern. Sie schauderte. Wie krank war das denn? Jetzt hieß es Nerven behalten. Er war unberechenbar, sie musste mit dem Schlimmsten rechnen. Gefangen in ihrer eigenen Wohnung. Sie nahm allen Mut zusammen und ging zurück ins Wohnzimmer. »Du hast recht. Ich freue mich auf einen Abend mit dir. Aber vorher muss ich noch zu meiner Mutter, sie ist sehr krank und braucht ihre Insulin-Spritzen.«

»So spät noch?«, fragte er misstrauisch.

»Ich hab es am Tage nicht mehr geschafft. Sie braucht ihr Insulin, sonst fällt sie ins Koma. Und das willst du doch auch nicht.«

»Du bist so fürsorglich, das passt zu dir. Deine Mutter wohnt ja ganz in der Nähe und du bist sehr oft bei ihr, das ist mir nicht entgangen.«

Jetzt weiß er auch schon, wo meine Mutter wohnt, dachte Nele erschrocken. Aber das war jetzt egal. Sie gab sich einen Ruck, überwand ihre grenzenlose Abneigung gepaart mit panischer Angst und schmiegte sich an ihn. »Wenn ich zurück bin, haben wir alle Zeit der Welt, Romeo.« Sie sah ihm direkt in die wie irre glimmenden Augen.

Er griff ihr in den Nacken und drückte fest zu. »Ich fahre mit und du stellst mich deiner Mutter vor. Sie muss ihren zukünftigen Schwiegersohn doch endlich kennenlernen. Hast du ihr von mir erzählt?«

»Ja, sie freut sich, dich kennenzulernen.«

»Lüg nicht! Kein Wort hast du ihr erzählt. Verkauf mich nicht für dumm.« Er drückte fester zu und zog ihren Kopf ganz dicht an sich heran.

»Mein Auto steht vor der Tür«, stammelte sie. Nur raus hier, bevor er es sich anders überlegt. Sie sah die Hand kommen. Der Schmerz war heftig. Er ließ sie los und stieß sie von sich.

»Das war für die Lüge. Ach Julia, du könntest es so gut bei mir haben. Aber du willst es ja nicht begreifen.«

Nele standen die Tränen in den Augen. Die Wange schmerzte.

»So, nun komm, wir nehmen mein Auto«, bestimmte er und schob Nele grob in den Hausflur.

Schweigend saßen sie in seinem schwarzen Fiesta. Schnell merkte sie, dass er nicht die geringste Absicht hatte, sie zu ihrer Mutter zu fahren. Sie wagte nicht, ihn anzusprechen, geschweige denn nach dem Fahrtziel zu fragen. Mit verbissener Miene saß er hinter dem Steuer und warf ihr hin und wieder einen warnenden Blick zu. Nele glaubte die Gefahr mit den Händen greifen zu können. Nass geschwitzt starrte sie auf ihre Beine, die nicht aufhören wollten zu zittern. Was hatte er vor? Wollte er sie vergewaltigen, sie entführen und wegsperren? Würde sie in einem dunklen Loch verrecken? Wollte er sie töten?

Romeo fuhr vorschriftsmäßig die seit Kurzem zur Tempo-30-Zone erklärte Deichstraße entlang, direkt auf die **Seebeck-Villa** zu. Er betätigte den linken Blinker. Also wollte er über die Alte Geestebrücke fahren. Aber was war sein Ziel? Romeo fuhr schweigend über die Brücke, bog scharf rechts in die Uferstraße An der Geeste ab, fuhr am **Historischen Museum** vorbei, Richtung Fähranleger. Voller Panik starrte sie auf die Uferstraße, die von peitschenden Wellen des Geestewassers überspült wurde.

Will er mich in der Geeste ertränken? Ihr Herz schlug bis zum Hals. Der Sturm blies immer höhere Wellen über das Ufer. Die Autos, die hier trotz aufgestellter Warnschilder leichtsinnigerweise parkten, waren unbesetzt. Keine Menschenseele zu sehen.

»Du hattest gar nicht vor, mit mir zu schlafen. Du wolltest nur raus aus deiner Wohnung. Ich bin doch nicht blöd. Du hattest deine Chance, Julia. Nun ist meine Geduld zu Ende, du wirst sehen, was du davon hast. Das wird nicht schön enden für dich.«

Kurz vor der Kennedybrücke brachte er den Wagen zum Stehen. Der Sturm wurde immer heftiger und peitschte dicke Regentropfen gegen die Autoscheiben. Morgen früh wird hier Land unter sein, ging es Nele durch den Kopf. Wenn er doch endlich sagen würde, was er vorhatte.

Langsam drehte er sich ihr zu, legte die rechte Hand um ihren Nacken, während die linke ihren Schenkel fand. Er drückte zu und sah sie aus irren Augen an. »Du willst es nicht anders, Julia. Ich habe mir mit den Vorbereitungen in deinem Schlafzimmer so viel Mühe gegeben. Und du willst zu deiner Mutter. Meinst du, du kannst mich verarschen? Und was war das vorhin im Metropol? Beauftragst den Wirt, um mich wegzuschicken?«

»Das hab ich nicht getan, ehrlich«, flüsterte sie und versuchte vergebens, ihren Hals aus seiner Hand zu befreien. Sie spürte seinen heißen Atem und hörte sein erregtes Keuchen. Als sie seinen Kuss verweigerte, blitzte plötzlich ein Messer in seiner linken Hand. Mit der rechten verstärkte er den Druck auf ihren Nacken und führte das Messer an ihre Kehle.

Der Höchststand der Flut war erreicht. Nele stand zwischen zahlreichen Sturm-Touristen, die sich mit gezückten Kameras auf der Kennedybrücke drängelten, und hatte den besten Ausblick über das Spektakel an der Geeste. Der Sturm, der inzwischen mindestens Windstärke zehn erreicht hatte, brauste, heulte und zerrte an ihrer Kleidung. Das Wasser stand jetzt fast einen Meter hoch auf dem Parkplatz und die Autos bis zum Kühler auf Tauchstation. Die Feuerwehr hatte alle Hände voll zu tun, um die Autos mit Fahrzeugwinden aus dem tiefen Wasser zu bergen. Gebannt sah Nele, dass die Feuerwehr einen ihr nicht unbekannten schwarzen Fiesta am Haken hatte. Der Sturm zerrte an der Seilwinde und ließ den Wagen in beträchtliche Schieflage geraten. Plötzlich sprang unter den geschockten Augen der Zuschauer der Kofferraumdeckel auf und gab den Blick auf einen schmächtigen Mann frei, der zusammengekrümmt mit blutverschmiertem Hemd und einem Messer in der Brust leblos darin lag.

Sein teuflischer Plan war nicht aufgegangen. Er hatte ihr Reaktionsvermögen und ihre Körperkraft unterschätzt, hatte nicht geahnt, dass sie durchtrainiert war und regelmäßig an Selbstverteidigungskursen teilnahm. Bei einem fairen Kampf hätte sie ihn ohne Mühe ruhiggestellt. Als sie ihm das Messer mit aller Kraft entwenden wollte, war er direkt hineingefallen. Mit letzter Kraft, er war schwerer als gedacht, hatte sie ihn in den Kofferraum verfrachtet und war durch Sturm und peitschenden Regen den weiten Weg zu Fuß nach Hause gelaufen.

Manchmal muss man sich selbst helfen, das war reine Notwehr, dachte Nele und ging erleichtert Richtung **Radarturm,** in dessen Nähe sie ihren Wagen geparkt hatte.

Stadttheater

Theodor-Heuss-Platz

Das Stadttheater wurde 1911 erbaut und bei dem schweren Bombenangriff in der Nacht vom 18. September 1944 vollständig zerstört. Reste der Jugendstil-Fassade wurden in das 1952 neu erbaute Theatergebäude integriert. Der neueste Umbau erfolgte 1999/2000.

Das Theater besitzt zwei Bühnen und vier Sparten: Schauspiel, Ballett, Konzert und Musiktheater.

Das Stadttheater verfügt über eine der technisch modernsten Bühnen Europas.

www.stadttheaterbremerhaven.de

Bürgermeister-Smidt-Denkmal

Theodor-Heuss-Platz

Das Denkmal ist dem Bremer Bürgermeister Johann Smidt (1773-1857), dem Gründer des »Bremer Havens« gewidmet. Er kaufte vom Königreich Hannover ein Landstück am rechten Weserufer nördlich der Geestemündung. Das war die Keimzelle der heutigen Stadt Bremerhaven. Das Denkmal auf dem Theodor-Heuss-Platz wurde von dem Leipziger Bildhauer Werner Stein (1855-

1930) entworfen und am 12. September 1888 eingeweiht. Der Bürgermeister befindet sich auf einem Podest, auf dessen Stirnseite zu lesen ist: ›Dem Bürgermeister Smidt der Freien Hansestadt Bremen, Dr. Johann Smidt, dem Gründer Bremerhavens‹. Mit der rechten Hand zeigt Smidt auf den Alten Hafen, der 1830 eröffnet wurde, links hält er den Kaufvertrag. Unter ihm sitzt rechts ein Kaufmann zwischen einem Wollballen und einem Fass, links ein Seemann in Ölzeug mit Anker. Vor Kaufmann und Seemann steht je ein Junge.
Die Bronzegruppen weisen auf die Schifffahrt und den Überseehandel hin.

Bürgerpark

Der Bürgerpark ist in zehn Minuten zu Fuß vom Hauptbahnhof zu erreichen. Der Haupteingang liegt am Ende der Bismarckstraße. Hier empfängt Sie ein Erholungsparadies mit Wald- und Wiesenflächen, Bootsteich (Bootsverleih), Wasserläufen, Gartenanlagen mit herrlichen Rosen, Stauden, Sommerblumen; ein Fitness-Parcours, Tennisplätze, Leichtathletik- und Rollschuhbahn, Finnbahn, Kinderspielplatz, Streichelzoo mit Ziegen und Schafen, der Drachenberg mit Schutzhütte und Grillplatz. Südwestlich liegt der Golfplatz mit Café, Bistro und dem Restaurant Hemingway.

Hochschule

An der Karlstadt 8

Die Studiengänge der Hochschule genießen national und international einen sehr guten Ruf. Die Ausstattung der Labore und Institute entsprechen den modernen Anforderungen einer wissenschaftlichen Einrichtung. Ein Rundgang bietet sich für Klassenfahrten, Betriebsausflüge und andere Exkursionen an.

Mehr Infos: www.hs-bremerhaven.de

Vor der Hochschule steht das Auswandererdenkmal *The Last Step*. Ein begehbarer, sieben Meter langer und sechs Meter hoher Backsteinwürfel, der vom russischen Objektkünstler Ilja Kabakov als Auswandererdenkmal konzipiert wurde. Es soll an die einstige Funktion des 1849 erbauten Auswandererhauses (heute Teil des Hochschulensembles) erinnern. Im Inneren des Denkmals befindet sich ein Wandpanorama mit Assoziationen an die früheren Auswandererschiffe.

Stadtbibliothek

Hanse-Carré, Bürgermeister-Smidt-Straße 10

Im zweiten Obergeschoss warten auf 2.150 Quadratmetern rund 127.000 Medien der Erwachsenen-, Kinder- und Musikabteilung auf ihre Nutzer.

Im Veranstaltungsraum mit Bühne finden regelmäßig Lesungen, Musikdarbietungen und Ausstellungen statt. In angenehmer Atmosphäre veranstalte ich hier meine jeweiligen Premierenlesungen und freue mich stets über die kompetente Vorbereitung sowie die freundliche Betreuung und Begleitung, die ich durch Elke Albrecht, der Leiterin der Stadtbibliothek, und ihrem Team erfahre.
www.stadtbibliothek-bremerhaven.de

Hotel Metropol
Potsdamer Straße 45

Das 1907 erbaute Bremerhavener Hotel Metropol hat eine bewegte Vergangenheit: Es war Treffpunkt von Schauerleuten, NDL-Mannschaften (Norddeutscher Lloyd) und den amerikanischen Besatzern, die es 1946 beschlagnahmten und zu »ihrem« *Club Tug Boat Inn* machten. Bis 1948 blieb das Metropol ein US-Club. Danach wurde es der Öffentlichkeit als Hotel Metropol zugänglich gemacht und wandelte sich zu einer angesagten Bar mit Live-Musik und Englisch sprechender Bedienung im Cocktailkleid.
In den folgenden Jahren wurde das Hotel stark frequentiert durch Schiffsbesatzungen der *United States* und der *America*. Die Gaststube war Tag und Nacht geöffnet. In den 60ern kamen die

Gäste mehr aus den Reihen der Frachtschifffahrt, aber auch die Stars der *Holiday on Ice*-Revue übernachteten hier, wenn sie in Bremerhaven gastierten. In den 90er-Jahren nutzen die Amerikaner das Hotel als Übergangsquartier, bevor sie wegen des Truppenabzugs die Heimreise antraten.

2005 übernahm Ute Frommer-Müller in vierter Generation das Hotel Metropol. Gemeinsam mit ihrem Ehemann Werner Müller richtete sie die typische alte Schankstube wieder her. Sogar die Jukebox von 1958 steht wieder an ihrem Platz. Fotos an den Wänden zeugen von der Zeit der Amerikaner. Zum Beispiel eine Aufnahme von MP-Mann Walter, der damals dafür sorgte, dass die GIs sich nicht daneben benahmen.

Mittlerweile bietet das Metropol Live-Musik, Lesungen, Krimi-Dinner, Knobel-, Poker- und Skatabende, einen Deutsch-Amerikanischen Stammtisch, einen Kulturstammtisch, die alljährliche *Amerikanische Weihnacht*, das Leher Kinder- und Kulturfest, die alljährliche After Show Party des Sängerwettbewerbs *Seebeck am Markt* und jeden ersten Freitag im Monat Open Stage für Musiker und Freunde der selbstgemachten Musik. Außerhalb der Veranstaltung geht es im Metropol ruhig und familiär zu. Und keine Angst: Das »Milieu« bleibt vor der Tür. Sexdienerinnen und ihre »Beschützer« haben keinen Zutritt.

Aktuelle Infos finden Sie auf den Facebook-Seiten: (des) Hotel Metropol und Kulturelles Metropol.

Eine weitere Kultkneipe in Lehe:
Kuddels Musikkneipe
Goethestraße 1

Im März 2015 zog Kuddels Musikkneipe von der Potsdamer Straße in die ehemalige Rudelsburg. Das viergeschossige Gründerzeitgebäude ist ein Prunkbau des 19. Jahrhunderts. Es steht im spitzen Winkel zwischen Goethe- und Pestalozzistraße. Beeindruckend ist die monumentale Hausfront, die durch einen Mauervorsprung mit auffallendem Figurenschmuck betont wird. Die Figuren stehen für Industrie, Handel und Wissenschaft. Kuddel (Kurt Lerch), ein Leher Original, kennt sich bestens in der Musikszene aus. Seitdem er den Zapfhahn an seinen Sohn abgegeben hat, kümmert er sich ausschließlich um das Musikprogramm und um seinen Bass, den er seit 1968 zupft. Im angesagten Musik-Tempel kann der Gast jeden Samstagabend Live-Musik aller Genres genießen. Öffnungszeiten: Montag bis Donnerstag 10 bis 21 Uhr
Freitag und Samstag Ab 10 Uhr, Open End
www.kuddels-musikkneipe.de

Ganz in der Nähe finden Sie das *Café Faust*, das sehr zu empfehlen ist.

Faust – Der Eisladen Bremerhaven
Goethestraße 11

In einem Gründerzeithaus in der Goethestraße 11 wurde 2015 aus einem ehemaligen Schlachterladen eine schicke Eisdiele: das Café Faust. Auf dem erhaltenen Fliesenboden stehen geschmackvolle Möbel, an der Wand finden Sie Verse aus Goethes *Faust*, ein Sofa als Hingucker, von der Decke hängen Kronleuchter. Hier kann man bei einer Tasse Kaffee und feinem Kuchen die Seele baumeln lassen. Verschiedene Eissorten, Eisbecher und für die Kinder ein Eis auf die Hand. Einige Eissorten sind gluten- und laktosefrei. Im Sommer sitzt man unter schattenspendenden Bäumen vor der Tür.

Es gibt auch warme Snacks für den Hunger zwischendurch, die eine sehr freundliche Bedienung serviert.

Öffnungszeiten: 9 bis 18 Uhr; in der kalten Jahreszeit: 9 bis 17 Uhr, am Wochenende 9 bis 18 Uhr

Villa Seebeck
Deichstraße 15

Georg Dietrich Seebeck erwarb Ende des 19. Jahrhunderts an der Geeste mehrere Schiffsbetriebe und die Wencke-Werft. Auf dem Betriebsgelände

der Werft baute er 1908 die Villa im Neubarock- und Jugendstil nach den Plänen des Architekten Johann Allers. Das Gebäude brannte in der Bombennacht des 18./19. September 1944 weitgehend aus, die Umfassungsmauern blieben erhalten. Nach dem Kriegsende wurde das Gebäude nur unvollständig wiederaufgebaut und privat genutzt.
2010 kaufte der Hotelier Piet Rothe die sanierungsbedürftige Villa und entschloss sich zum grundlegenden Umbau, in enger Abstimmung mit den Denkmalschutzbehörden.
Im Erdgeschoss befindet sich ein Café-Restaurant sowie ein lichtdurchfluteter Wintergarten, davor eine großzügige Terrasse mit Geesteblick. Somit erstrahlt im Herzen der Stadt wieder die Prachtvilla am Geesteufer.
Nebenan stehen die alten Geestebrücke und das freigelegte Wencke-Dock, gegenüber das Historische Museum, ganz in der Nähe Hochschule, Kunstmuseum, Stadttheater, Columbus Center.
www.villaseebeck.de

Historisches Museum
An der Geeste

Das Historische Museum liegt an der Geeste, ganz in der Nähe der Innenstadt und ist von dort über die Alte Geestebrücke zu erreichen. Im obe-

ren Bereich des Museums haben Sie einen freien Blick auf die schöne Ansicht Bremerhavens, die Geeste und das frühere Wencke-Dock.
Das preisgekrönte Museum der Seestadt präsentiert ein modernes Konzept und vermittelt die Geschichte an der Küste durch Großexponate und Rekonstruktionen auf sehr unterhaltsame Weise. Besuchen Sie eine komplette historische Werft, eine Hafenkneipe, einen Fischladen, einen Luftschutzkeller aus dem Zweiten Weltkrieg und ein Kino der 1950er-Jahre. Gehen Sie auf eine Zeitreise durch sieben Abteilungen, auf zwei Gebäudeebenen mit insgesamt 3.300 Quadratmetern: Bremerhaven und Umgebung 1827 bis 1927, Hochseefischerei und Fischwirtschaft, Überseehäfen und Hafenarbeit, Werften und Schiffbau, Bremerhaven und Umgebung 1920 bis 1960 und Schätze aus dem Elbe-Weser-Dreieck.
Das Museum öffnete 1906 erstmals seine Pforten und feierte 2006 sein 100-jähriges Jubiläum.
www.historisches-museum-bremerhaven.de

Vom Ursprung der Stadt:

Eine spannende Führung zu Bremerhavens Anfängen.
Jeden Sonntag um 14.30 Uhr findet ein Rundgang mit einem Besuch des Historischen Museums statt, der über die Alte Geestebrücke zum Wencke-Dock und der ehemaligen Karlsburg führt.

In der Villa Seebeck klingt die Tour mit Kaffee und Kuchen aus.
mehr Infos: www.historisches-museum-bremerhaven.de

Radarturm –
Richtfunkturm des Wasser- und Schiffahrtsamtes
Am alten Vorhafen 1

Ein Besuch auf dem Radarturm ist für die ganze Familie ein besonderes Erlebnis. Die Gesamthöhe des 1965 in Betrieb gegangenen Turmes beträgt 114 Meter. Auf dem Radarturm sind die Antennen installiert, die die Radarbilder und Funkgespräche bis hin zum Leuchtturm *Alte Weser* empfangen.
Die barrierefreie Aussichtsplattform liegt in zirka 66 Metern Höhe und ist witterungsgeschützt.
Bei klarer Sicht reicht der Blick über die Stadt, die *Havenwelten* und den Weserbogen hinaus bis weit in die Außenweser und nach Niedersachsen.
In der Dunkelheit erstrahlt der Radarturm in verschiedenen Farben, die ständig wechseln.
Einen Vorgeschmack verheißen zwei Webcams und ein 360 Grad Panoramabild, die über www.wsa-bremerhaven.de abgerufen werden können.
Öffnungszeiten: Sommersaison: Mittwoch bis Sonntag und Feiertag 11 bis 18 Uhr
Wintersaison: Sonntag 11 bis 18 Uhr

Mitnahme von Hunden erlaubt.
Folgende Führungen werden ab Radarturm durchgeführt:
Meerjungfrauen, Monster und Matrosen – Die Schauergeschichten der Havenwelten und Vom Museumshafen bis zur Weserpromenade: Führung durch die Havenwelten

JAGDFIEBER

Freddy hatte Witterung aufgenommen. Sein Jagdfieber war geweckt. Die Kleine war der Hammer, genau seine Kragenweite und einige Nummern zu groß für seinen Neffen Hanno. Julia brauchte einen richtigen Kerl. Und der hieß Freddy Mommsen.

Er hatte Julia vor einigen Tagen mit seinem Neffen Hanno in der **Alten Bürger** vor der **Galerie 149** getroffen. Bei Pizza und Wein hatte er etwas mehr über sie erfahren. Gut, ihr Outfit war gewöhnungsbedürftig, aber cool: Piercing, Tattoos und Punkfrisur.

Saskia, seine derzeitige Partnerin, ging ihm langsam auf den Senkel. Spätestens wenn der Sex zur Routine wurde, zog er in einer Beziehung die Reißleine.

Und Renate? Vor 25 Jahren hatte sie sich gegen ihn und für seinen Bruder Titus entschieden und den Langweiler geheiratet. Dennoch kam sie nicht von ihm los. Auch sie wurde langsam lästig. Zeit für etwas Neues.

»Hanno, diese Julia passt nicht zu uns.« Renate Mommsen sah ihren Sohn beschwörend an und hoffte, sie könnte ihn umstimmen.

»Sie soll auch nicht zu euch, sondern zu mir passen.«

»Aber ich bestimme immer noch, wer zu unserer Silberhochzeit eingeladen wird und wer nicht. Und diese Julia nimmt garantiert nicht teil.«

Renate und Titus Mommsen wollten dieses Familienereignis klein und fein auf der Bark **Seute Deern** feiern. Die Kapitänskajüte war bereits reserviert.

»Wenn ihr Julia nicht dabeihaben wollt, dann müsst ihr auch auf mich verzichten. Ganz einfach«, unterbrach Hanno seine Mutter.

»Na hör mal, sie gehört nicht zur Familie.«

»Freddy bringt seine Freundin auch mit. Und die gehört bekanntlich auch nicht zur Familie.«

»Das ist ja wohl ganz was anderes.«

»Warum?«

»Weil Saskia weder tätowiert noch gepierct ist und weil ich sie sehr mag.« Das war glatt gelogen. Sie konnte Saskia nicht ausstehen. So wie sie keine von Freddys zahlreichen Freundinnen jemals hatte ausstehen können.

»Dass du Saskia so in dein Herz geschlossen hast, ist mir neu. Das klang schon mal ganz anders.«

»Vielleicht klärst du mich auf.«

»Weil du eifersüchtig bist. Warum hast du eigentlich nicht gleich Papas Bruder geheiratet?« So weit war er noch nie gegangen. Aber sie hatte ihn zu sehr gereizt.

»Ich glaub, du spinnst.«

»Nee, ich hab Augen im Kopf.«

»Wir sind uns einig, diese Julia kommt nicht zur Silberhochzeit«, lenkte sie ab.

»Du kennst meine Meinung. Wenn ihr auf mich verzichten wollt, bitte. Ich geh jetzt mit Julia ins **Rock Center**. Wird spät.«

Was hatte sie nur falsch gemacht? Hanno war volljährig, sie konnte ihm den Umgang wohl kaum verbieten, da musste sie ihm recht geben. Bisher hatte er nie Schwierigkeiten gemacht. Er war ein guter Schüler, stand kurz vor dem Abitur. Er wollte in Tübingen Jura studieren, sein Studienplatz war sicher, dafür hatte sein Vater gesorgt. Später sollte er seine Anwaltskanzlei übernehmen. Das war der Plan. Er hatte doch alles, was sich ein junger Mensch nur wünschen konnte. Und das alles würde diese dahergelaufene Julia kaputtmachen. Sie hatte ihrem Sohn komplett den Kopf verdreht. Das konnte sie nicht zulassen.

»Nun sag doch auch mal was dazu, Titus. Dieses Mädchen ist kein Umgang für Hanno.« Renate war ungehalten. Ihr Mann sah das alles so locker und schien sich keinen Kopf zu machen. Für ihn existierte nur seine Anwaltskanzlei. Er hatte in all den Jahren nicht mal bemerkt, dass sie regelmäßig mit seinem Bruder ins Bett ging. Er war so was von gleichgültig. Er wusste sie nicht zu schätzen, und dieser Umstand war Triebfeder für ihre Seitensprünge. Freddy war ganz anders. Er ließ sie spüren, dass sie etwas ganz Besonderes war, er begehrte sie, war aufmerksam und konnte zuhören. Aber da war seine andere, seine unstete Seite. Ständig hatte er irgendeine Affäre. Sie konnte ihm keine Vorwürfe machen, sie hatte sich damals für seinen Bruder entschieden. Er liebte sie, da war sie sich ganz sicher, darum wollte er sich an keine andere Frau fest binden. Auch dieser Saskia würde er, wie allen anderen Frauen vor ihr, in nicht allzu langer Zeit den Laufpass geben. Wäre sie frei, er würde sie vom Fleck weg heiraten.

»Nun mach doch nicht so ein Theater. Hanno muss sich die Hörner abstoßen. Julia ist doch ein ganz nettes Mädchen. Dass sie ein paar Jahre älter ist als er, ist doch nicht schlimm. Im Gegenteil, von ihr kann er sicher noch etwas lernen. Zeig mal ein klein wenig Toleranz.«

»Ich glaub, du spinnst. Hast du mal gesehen, wie die rumläuft? Eine Provokation. Hanno will dieses schrille Flittchen zu unserer Silberhochzeit einladen. Das geht gar nicht. Wie stehen wir denn da, wenn die an unserem Tisch sitzt? Wahrscheinlich kann die nicht mal mit Messer und Gabel essen.«

»Hörst du dir eigentlich zu? Freddy hat mir erzählt, dass er die beiden getroffen hat und sie sehr nett findet.«

Auch das noch. Renate ahnte Schlimmes. Womöglich hing er schon sabbernd an Julias Fersen. »Du kennst doch deinen Bruder. Da wackelt eine mit den Möpsen und schon steht sein kleiner Mann stramm.«

»Ich muss schon bitten. Das aus deinem Mund? Warum regst du dich so auf? Höre ich da so was wie Eifersucht?« Er warf Renate einen ironischen Blick zu und weidete sich an ihrer nicht zu übersehenden Unsicherheit. Glaubte sie tatsächlich, dass er von ihrem Verhältnis mit Freddy nichts wusste? Er hatte die Affäre der beiden stillschweigend toleriert. Das ließ ihm Zeit für eigene sexuelle Abenteuer.

»Ich und eifersüchtig? Soll das ein Witz sein?« Ihre Stimme klang einige Nuancen zu schrill. Sie fühlte sich ertappt und wütend zugleich. Wütend auf Freddy, der seine Finger nicht bei sich behalten konnte, der vor Charme nur so sprühte und zu Höchstform auflief, wenn eine Frau, egal welchen Alters, den Raum betrat. Sie war fest davon überzeugt, dass er das nur tat, um sie eifersüchtig zu machen. Das musste sich ändern. Nach der Silberhochzeit, die ja nun nicht mehr abzusagen war, würde sie sich von Titus trennen und mit Freddy zusammenziehen.

»Ich mache keine Witze.«

»Dann spar dir solche Sprüche. Kümmere dich lieber um deinen Sohn und bring ihn wieder auf die richtige Spur. Sonst muss *ich* etwas unternehmen.«

»Und was?«

»Weiß ich noch nicht, aber mir fällt schon was ein.«

Hanno betrat Julias kleines Tattoo-Studio in der Nähe der **Pauluskirche.** Richtig cool sah sie aus. Die Haare heute Atlantic Blue, zum bedruckten T-Shirt eine enge schwarze Lederhose mit Ketten, Nieten und glänzenden Applikationen. Sein Herz schlug höher.

»Na, lässt du mich endlich ein Tattoo auf deinen süßen Hintern stechen?«, lachte Julia und umarmte ihn.

»Warum nicht? Und ein so richtig fettes auf meinen Oberarm.«

»Willst du deine Eltern schocken? Dann hab ich wieder die Schuld, glaub mir, darauf hab ich keinen Bock.«

»Ach, egal. Meine Mutter hat schon ein Theater veranstaltet. Sie will nicht, dass du zur Silberhochzeit kommst.«

»Ganz ehrlich? Ich bin nicht scharf darauf. Zwischen den Spießern würde ich mich gar nicht wohl fühlen.«

»Wenn du nicht gehst, geh ich auch nicht.«

»Okay, dann lass uns da hin. Für dich nehme ich die Spießer-Party gern in Kauf. Ich könnte mein schwarzrotes 50er-Jahre Petticoatkleid anziehen. Was meinst du?«

»Das mit den Punkten? Super.«

»Du, dein Onkel Freddy ist ja voll abgefahren.«

»Der ist ja auch das schwarze Schaf der Familie. Der geborene Fremdgeher, ständig rattig und scharfe Mädels am Start. Selbst meine Mutter steht auf ihn.«

»Wie? Deine Mutter steht auf ihn?« Nach allem was Hanno bisher über seine Mutter erzählt hatte, konnte sie das kaum glauben.

»Lange Geschichte. Erzähl ich dir später mal. Ich muss zur Schule.«

Die Studiotür ging auf und Hanno staunte nicht schlecht. Freddy. Was wollte der denn hier? Ihm schwante nichts Gutes. Aber er vertraute Julia, die würde sich schon nicht von Freddy einlullen lassen.

Diese Julia musste von der Bildfläche verschwinden. Jetzt interessierte sich auch schon Freddy für die Schlampe. Sie kannte ihn nur zu gut. Die Jagd war eröffnet, die Fährte aufgenommen. Wenn sie nicht eingriff, hatte er in Nullkommanichts seine Beute erlegt. Als passionierte Jägerin benutzte Renate gern Begriffe aus der Jägersprache. Sie hatte recherchiert und erfahren, dass Julia in finanziellen Schwierigkeiten steckte. Das Tattoo-Studio lief nicht so gut. Sie hatte Schulden, und das nicht zu knapp. Wenn das Mädel schlau war, könnte sich das schnell ändern.

Freddy kippte selbstgefällig den Whisky hinunter. Heute hatte er den nervigen Weibern gezeigt, wo der Hammer hing. Saskia war aus allen Wolken gefallen, als er mit ihr Schluss gemacht hatte. So viel Temperament hatte er ihr gar nicht zugetraut. Ein Großteil ihres teuren Porzellans hatte erst den Weg gegen Wände und dann in den Mülleimer gefunden.

Der größere Brocken war Renate. Die hatte sich tatsächlich eingebildet, sie könnte zu ihm ziehen, wenn sie sich von Titus getrennt hatte. Geht's noch? Sie sollte ihn doch besser kennen. Total ausgeflippt war sie, hatte hysterisch gebrüllt, er würde ihr das Herz rausreißen. Wahre Schimpftiraden hatte sie über ihn ausgeschüttet. Er war ganz cool geblieben. Was ging es ihn an? Sie hatte doch jahrelang ihr Vergnügen gehabt. Jetzt war mal eine andere dran. Was war daran so schwer zu verstehen? Er hatte längst was

Neues im Visier. Bis jetzt hatte Julia sich noch geziert. Das würde sich schnell ändern, da war er sich sicher. Wenn die erst mal in den Genuss seiner allzeit bereiten 17 Zentimeter gekommen war, dann hatte der Klappstuhl von Hanno nicht den Hauch einer Chance. Er kam gar nicht auf die Idee, dass eine Frau ihn ablehnen könnte.

Julia starrte auf den Packen Geldscheine, den Renate auf den Tresen gelegt hatte. Für 20.000 Eier sollte sie mit Hanno Schluss machen. Was war das denn für eine Ansage? Die hatte sie doch nicht alle.

»Zu wenig? Ich lege noch 10.000 drauf und Sie lassen die Finger von Hanno und melden sich nie wieder bei ihm.«

»Ich liebe Hanno. Ihre Kohle können Sie gleich wieder einstecken.« Julia schob entrüstet die Geldscheine in Renates Richtung. »Sie glauben wohl, mit Geld kann man alles kaufen?«

»Jeder hat seinen Preis, meine Liebe. Auch Sie. Ihnen kommt das Geld doch gerade recht. Stehen Ihnen nicht die Schulden bis zum Hals?« Renate sah sich mit einer Mischung aus Triumph und Missachtung im Studio um. Zum Glück hatte Julia Hanno noch nicht dazu überreden können, sich eines dieser primitiven Tattoos stechen zu lassen. Ganz so tief war er nun doch noch nicht gesunken. Trotz Julias Einfluss hatte er nicht vergessen, aus welchem Stall er kam.

»Meine Schulden gehen Sie einen Scheißdreck an. Los, stecken Sie Ihre Kohle ein und verlassen Sie mein Studio.«

Renate sah sie ungläubig an und nahm das Geld wieder an sich. »Sie machen einen großen Fehler, mein Frollein. Wenn Sie glauben, dass Sie sich in unsere Familie einschleichen können, haben Sie die Rechnung ohne mich gemacht.«

»Ich bin nicht Ihr Frollein. Ich liebe Hanno und habe nicht die Absicht, mich in Ihre Familie zu schleichen. Warum sollte ich das tun?«

Renate warf den Kopf in den Nacken und steuerte Richtung Ladentür. »Sie werden schon sehen, was Sie davon haben.« Ohne den letzten Satz näher zu erklären, hatte sie das Studio verlassen.

Julia sah ihr kopfschüttelnd nach. Was war das denn? Hatte die Alte wirklich geglaubt, sie würde das Geld nehmen und mit Hanno Schluss machen? Unglaublich. Sie beschloss, Hanno vorerst nichts von dem Auftritt seiner Mutter zu erzählen. Der würde sich tierisch aufregen.

Weil Hanno für eine Klausur lernen musste, hatte Julia beschlossen, sich mit ihren Freundinnen Thea und Sammy im **Café de Fiets** in der Alten Bürger zu treffen. Kaum hatten sie ein gemütliches Plätzchen gefunden, entdeckte sie an einem der Nebentische Freddy, der lächelnd zu ihr herübersah. Sie winkte ihm zu und ehe sie sich versah, stand er an ihrem Tisch und umarmte sie, als würden sie sich ewig kennen. Seine Hand berührte dabei ihren Po. Was bildete der sich ein? Sie hatte ihm doch bei seinem letzten Besuch in ihrem Studio unmissverständlich klargemacht, dass sie nicht interessiert war.

»Hallo, ihr Hübschen, darf ich mich zu euch setzen?«, fragte er charmant lächelnd.

Eigentlich hatten sie einen Mädelsabend geplant und Julia hatte überhaupt keinen Bock auf einen alternden Playboy, der sich unwiderstehlich fühlte. Aber da Thea und Sammy bereits zustimmend nickten, blieb ihr nichts anderes übrig, als sich zu fügen. Sofort bestellte er eine Runde für alle.

Julia hielt sich zurück. Seine großspurige Art sich aufzudrängen ging ihr auf die Nerven. Er schien zu glauben, jede haben zu können. Ihr fiel ein, was Hanno über ihn geäußert hatte: voll der Aufreißer. Thea und Sammy fuhren auf ihn ab – direkt zum Fremdschämen –, während Julia nur überlegte, wie sie ihn wieder loskriegen konnten. Wenn sie jetzt vorschlug, weiter ins **Molly Malone** zu ziehen, dann folgte er ihnen garantiert.

Was hatte Hanno bloß für eine Familie? Erst die durchgeknallte Mutter und jetzt der notgeile Onkel.

»Du gehst auf die Jagd?« Titus beobachtete Renate, die in voller Jagdmontur vor ihm stand und sich verabschieden wollte. Hugo, ihr Münsterländer, zerrte aufgeregt an der Leine.

»Ja, wir haben einen Keiler im Revier, der viel Unheil anrichtet. Kann die ganze Nacht dauern, warte nicht auf mich.«

Titus sah seiner Frau nach und fragte sich zum wiederholten Mal, was sie an diesem Hobby so faszinierend fand. Für sie war die Jagd kein Hobby, sondern eine Passion. »Waidmannsheil.«

»Waidmannsdank«, antwortete sie und überhörte Titus' ironischen Unterton.

Das Jagdgewehr befand sich bereits im Auto, das Jagdmesser am Gürtel. Es konnte losgehen. Eilig verließ sie mit Hugo das Haus.

»Was willst du denn?« Erstaunt betrachtete Freddy Renate, die unerwartet vor seiner Tür stand. Die hatte ihm gerade noch gefehlt. Und was hatte das Jagdgewehr unter ihrem Arm zu bedeuten? Durch einen Trick hatte er es geschafft, Julia in seine Wohnung zu locken. Sie zickte zwar noch rum, aber er würde sie noch klarmachen. Alles eine Frage der Zeit.

»Ich bin auf der Jagd.« Sie drängte ihn zur Seite und betrat unaufgefordert seine Wohnung.

»Was willst du denn schießen? Einen Hirsch gibt es hier nicht.« Er lächelte unsicher. Angst stieg in ihm auf. Nach der letzten Szene, die sie ihm geboten hatte, traute er ihr alles zu.

»Was ich erlegen will? Einen wild gewordenen geilen Keiler, der viel Unheil anrichtet.« Sie zielte mit dem Jagdgewehr auf ihn und dirigierte ihn ins Wohnzimmer.

Mit erhobenen Armen und purer Angst in den Augen stolperte er rückwärts ins Wohnzimmer. Dort erblickte sie zu ihrer Überraschung eine völlig verängstigte Julia, die zusammengekauert in der Sofaecke hockte.

»Da bin ich wohl gerade richtig gekommen.« Renate überblickte die Situation sofort. Sie winkte Julia mit dem Gewehrlauf zu sich, ließ Freddy dabei aber nicht aus den Augen.

»Auch noch im fremden Revier wildern? Das geht gar nicht.«

Freddy ging vor Angst schlotternd auf die Knie und flehte um Gnade. Panisch sah er, wie Renate den Lauf des Gewehrs direkt auf sein Herz richtete.

»Schon mal was von Blattschuss gehört?«

»Unsere Silberhochzeit war ja ein voller Erfolg. Man kann sie getrost als gelungen bezeichnen.« Titus nahm Renate in den Arm und küsste sie auf die Wange. Sie waren sich in den Tagen vor der Feier wieder nähergekommen. Renate war um ihn bemüht wie schon lange nicht mehr.

»Keine Unstimmigkeiten, keine großen und kleinen Skandale. Über zwei Dinge habe ich mich sehr gewundert: Wie unauffällig und still Freddy sich verhalten hat und wie gut du dich mit Julia verstanden hast. Man hätte fast glauben können, sie wäre deine Tochter.«

Renate grinste. »Dein Bruder hat wohl endlich eingesehen, dass er nicht der Nabel der Welt ist. Und

Julia ist eine patente junge Frau, die perfekt zu unserem Sohn passt. Ich muss gestehen, ich hatte mir ein total falsches Bild von ihr gemacht.«

Dass Julia sie vor einer großen Dummheit bewahrt hatte, blieb ihr gemeinsames Geheimnis.

Alte Bürger

»Alte Bürger« wird der nördliche Teil der Bürgermeister-Smidt-Straße von den Einheimischen bezeichnet. Hier befindet sich die Szenen- und Kneipenmeile der Stadt. Sie beginnt am Bürgermeister-Martin-Donandt-Platz und endet am Waldemar-Becké-Platz.

Früher als *Kneipenmeile* bekannt, entwickelte sich die Alte Bürger in den letzten Jahren immer mehr zu einem Kulturquartier mit Wohncharakter.

Links und rechts der Straße sind zum Teil gut erhaltene Häuser aus der Gründerzeit zu sehen, die den letzten Krieg unbeschadet überstanden haben.

Die alljährliche *Lange Bandnacht* erfreut sich großer Beliebtheit. In neun Kneipen wird abgerockt. Tausende von Besuchern feiern zwei Tage lang auf der *Kulturmeile* und tanzen zu Livemusik bis zum frühen Morgen auf der Straße. Auf mehreren Bühnen bieten Bands vielfältige Musikunterhaltung. 2014 waren an beiden Tagen rund 20.000 Besucher auf der Alten Bürger unterwegs.

Freizeittipps auf der Alten Bürger
Piccolo teatro haventheater
Alte Bürger 200

Mit seinen 40 Sitzplätzen und einem außergewöhnlichen Programm ist die kleine Bühne etwas ganz Besonderes.

www.haventheater.de

KulturInsel
Alte Bürger 200

Die KulurInsel ist ein Treffpunkt für kreative BügerInnen und KünstlerInnen, die sich austauschen möchten. Nach Absprache können die Räumlichkeiten auch für Ausstellungen, als Künstlerwerkstatt, für Vorträge, Lesungen und Kursangebote zur künstlerischen und kulturellen Bildung genutzt werden. Die KulturInsel ist ein Ort, an dem neue Ideen und Projekte konzipiert werden. Arbeitslose und Kinder können sich hier künstlerisch verwirklichen. Das Material wird vom Verein gestellt und durch Spenden finanziert.

www.kulturinsel-ev.de

Das Rüssel
Alte Bürger 145

Das Rüssel ist nicht nur eine Sportbar und zeigt Bundesligaspiele, Länderspiele, DFB-Pokal-Begegnungen, Europa League und Champions

League, sondern bietet den Gästen unter anderem Live-Musik und Spieleabende.
www.das-ruessel.de

Kapovaz
Der Rock- und Metalschuppen
Alte Bürger 147

Das Kapovaz ist die wohl älteste Rock- und Blueskneipe auf der Meile. Sie ist bekannt für ihre Live-Musik und Themenabende.
Jeden dritten Mittwoch im Monat: Open Stage ab 21 Uhr
www.diealtebuerger.de/index.php/kapovaz.html

Pferdestall
Gartenstraße 5–7 (Nebenstraße der Alten Bürger)

Angebote: Theater, Musik, Literatur.
Untergebracht in den Stallungen einer ehemaligen Spedition besitzt der Pferdestall eine ganz eigene Atmosphäre. Tränken, Tröge und schmiedeeiserne Fenstergitter wurden erhalten. Der Heuboden wurde zum Künstleratelier. Der Pferdestall verfügt über eine variable Bühne, Licht- und Tontechnik und bis zu 100 Plätzen. Mittlerweile hat sich der Veranstaltungsort zu einem kulturellen Ort weit über die Grenzen der Seestadt hinaus entwickelt. Künstler aus aller Welt treten hier vor einem begeisterten Publikum auf.

Eine Spezialität ist die Vollmond-Lounge, die immer dann stattfindet, wenn der Mond in seiner ganzen Fülle am Himmel sichtbar ist. Dazu werden Künstler und Publikum zu einem ganz besonderen Konzert eingeladen.

Literaturveranstaltungen gehören zum festen Bestandteil des Programms. In Kooperation mit dem Kulturamt der Stadt Bremerhaven, aber auch mit anderen Veranstaltern finden regelmäßig Autorenlesungen statt.

In den letzten 25 Jahren fanden gut 1.000 Veranstaltungen statt und 26 Stipendiaten nutzten das Künstleratelier auf dem Heuboden.

www.pferdestall-bremerhaven.com

Galerie 149
Alte Bürger 149

Die Galerie ist eine erste Adresse für junge Künstler aus Norddeutschland. Träger ist die Bremerhavener Initiative für Kultur (BIK), die 1985 gegründet wurde. Das Vereinsziel: Widerspiegelung aktueller künstlerischer Ereignisse und Pflege der Kulturarbeit im Stadtteil.

In sieben bis acht Ausstellungen pro Jahr zeigt der Verein eine breite Palette von Kunstwerken aus den Bereichen Fotografie, Malerei, Grafik und Plastik. Neben der Ausstellungstätigkeit verschafft der Verein Kontakte zu Musikern, Thea-

terleuten und Autoren. Sie werden eingeladen für Konzerte im Bereich Neue Musik, für Performances und Vorstellungen mit Literatur und Musik.
www.galerie149.de

Seute Deern
Museumshafen

Die Seute Deern (Süßes Mädchen) ist der größte, noch erhaltene hölzerne Frachtsegler der Welt, liegt seit 1966 in Bremerhaven und ist seit 1972 Bestandteil der schwimmenden Ausstellung des Deutschen Schiffahrtsmuseums. Die Dreimastbark, deren Masten und Takelage sich noch im Originalzustand befinden, gilt als Wahrzeichen und maritimes Aushängeschild Bremerhavens.
Das Schiff verfügt über eine ausgezeichnete Küche. Im Sommer finden auf dem Sonnendeck 70 Gäste Platz und im Laderaum können 180 Gäste in unterschiedlichen Kajüten kulinarisch verwöhnt werden.
Sehr beliebt sind standesamtliche Trauungen, die in der Kapitänskajüte vollzogen werden.
Benannt wurde das Schiff nach seiner Galionsfigur Seute Deern.
www.seutedeern.de

Rock Center
Moltkestraße 13

Das Rock Center bietet Auftritte mit Livebands und hat sich mittlerweile in Bremerhaven etabliert. In zwei Veranstaltungsräumen und mehr als 30 Proberäumen ist das Rock Center für die Musik- und Kulturszene in und um Bremerhaven nicht mehr wegzudenken. Die Eventgestaltung und Flexibilität der Musikgenres begeistert auch überregionale und internationale Bands und wird durch Mundpropaganda und auch durch Zuspruch der Stadtpolitik bestätigt.
www.rock-center-bremerhaven.de

Pauluskirche
Hafenstraße 128

Die im neugotischen Stil mit rotem Backstein erbaute Pauluskirche wurde 1905 eingeweiht. 1944 wurde das Gotteshaus durch Bomben zerstört und nach dem Krieg wieder vollständig aufgebaut. Das Bauwerk besticht durch eine erhabene Schlichtheit. Im Inneren der Kirche wurde eine Atmosphäre geschaffen, die Geborgenheit ausstrahlt. Im Eingangsbereich befindet sich das Kirchencafé, das mittwochs und samstags zur Marktzeit sowie nach den Gottesdiensten und anderen Veranstaltungen geöffnet ist.
Mit Glaswänden ist der Bereich unterhalb der

Empore abgetrennt und gibt den Blick auf das Kirchenschiff frei. *Aussichtsgalerie der Pauluskirche*: Von der Turmgalerie erhält der Besucher einen ganz speziellen Blick auf Bremerhaven und Lehe: Die Autotransporter im Hafen und das Container-Terminal scheinen zum Greifen nahe. Aus luftiger Höhe sieht man direkt auf das Grün der Bäume in den Innenhöfen der alten Häuser aus der Gründerzeit. Während des Aufstiegs erzählen die Turmführer Interessantes aus der Geschichte der Kirche und über den Stadtteil Lehe. Es bietet sich die Gelegenheit, die Glocken, die Orgel und das Uhrwerk der Turmuhr aus der Nähe zu betrachten.
Besichtigung des Kirchturms:
von April bis Oktober: Samstags um 10 Uhr und 11 Uhr sowie auf Anfrage
von November bis März: Samstags um 11 Uhr sowie auf Anfrage
Treffpunkt: Kirchencafé (Haupteingang Hafenstraße)
Preis: Wenn die Turmführung gefallen hat, freut sich die Gemeinde über eine kleine Spende, die für die Instandhaltungsarbeiten am Turm verwendet werden.
www.pauluskirche-bremerhaven.de

Café de Fiets

Alte Bürger 155

Seit 20 Jahren trifft sich hier ein bunt gemischtes Publikum aller Altersgruppen. Eine gemütliche Atmosphäre zeichnet das Fiets zum Beispiel durch viele Sofas und Sessel aus. Hier lässt es sich gut schnacken.

Es gibt eine umfangreiche und abwechslungsreiche Speisekarte sowie regelmäßig Livemusik und jede Menge »Spaß, Klugscheißen und Halbwissen« beim beliebten Kneipenquiz.

Jeden ersten Mittwoch des Monats ab 19 Uhr kann jeder die Bühne erobern und einfach mal Musik machen. (Open Stage)

Aktuelle Infos auf der Facebook-Seite

Molly Malone

Sommerstraße 1

Der kleine Irish Pub bietet seinen Gästen zwar kein großes Platzangebot, ist dafür aber umso gemütlicher. Gern rutschen die Gäste zusammen, um den einen oder anderen Whiskey aus dem 16-Sorten-Angebot zu genießen. Oder ein Bier gefällig? Der Bierfreund kommt hier genauso auf seine Kosten. Guiness, Murphys, Kilkenny, Newcastle brown Ale oder lieber Stowford Cider? Hier lernt man irische Gastfreundschaft kennen und kommt gern wieder.

MARITIMES KLASSENTREFFEN

Rieke hatte nicht lange überlegt, als sie die Einladung zum Klassentreffen erhielt. Ein Grund, mal wieder ihre Heimatstadt Bremerhaven zu besuchen. Da nahm sie gern die Anreise von Köln in Kauf. Zum Glück hatte sie drehfrei und konnte es zeitlich einrichten. Sie freute sich auf die alten Klassenkameraden, zu denen der Kontakt im Laufe der Jahre abgebrochen war. Nur mit Hanna, die noch immer in **Bremerhaven-Lehe** wohnte, pflegte sie Telefon- und Mail-Kontakt. Man hielt sich auf dem Laufenden.

Rieke und Hanna standen nach einem leckeren Eis, das sie auf der Terrasse der **Strandhalle** genüsslich verspeist hatten, auf dem Willy-Brand-Platz. Vor ihnen lag das **Auswandererdenkmal** auf der **Seebäderkaje.** Bester Laune schlenderten sie auf dem **Weserdeich** Richtung **Simon-Loschen-Leuchtturm** und **Sportbootschleuse.**

»Wie schön, das **Semaphor** ist wieder aufgestellt«, freute sich Rieke.

Hanna nickte.

»Weißt du, was mich wundert? Dass ausgerechnet

unser Siggibär das Treffen organisiert hat.« Rieke blieb stehen, sah aufs Wasser und atmete tief die frische Seeluft ein.

»Mich wundert das auch. Er war doch immer der Versager, mit dem keiner von uns etwas zu tun haben wollte. Am liebsten machte Siggi sich doch unsichtbar. Hast du gehört, der hat jetzt ’n Doktortitel.«

»Hm … Einmal Streber, immer Streber. Wo arbeitet der eigentlich?«

»Siggi hat die Apotheke seines Vaters übernommen.«

»Pillendreher, das passt zu ihm. Erbsenzähler war er ja früher schon.«

»Genau, total weltfremd.«

»Und wie der immer angezogen war.« Rieke lachte überheblich.

»Seine Plünnen waren abenteuerlich. Denk mal an die große Brille mit den dicken Glasbausteinen. Oder weißes Oberhemd unter Rauten-Pullover. Und wie verliebt der in dich war.«

»Hör bloß auf. Wenn ich heute darüber nachdenke, haben wir ihn ganz schön getriezt.«

»Wir?«

»Klar, du auch. Nun tu man nicht so. Wir waren so was von fies.«

»Oh ja, wir waren zwei ganz böse Mädels. Der hat es doch geradezu herausgefordert. Ich denke, unsere Spielchen hat er inzwischen vergessen«, glaubte Rieke.

»Es gibt Dinge, die vergisst man nie.« Damit sollte Hanna recht behalten.

Dr. Siegbert Eiermann blickte in den Spiegel und bemühte sich, die neue Krawatte zu binden. Er hatte das Klassentreffen organisiert. Fast alle hatten zugesagt. Sein Doktortitel hatte garantiert Eindruck gemacht. Früher war er der Loser. Keines der Mädchen hatte sich für ihn interessiert. Zu keiner Party war er eingeladen worden. Bis auf die eine, die sich ihm tief ins Gedächtnis gebrannt hatte. Für die Jungs war er der gefundene Prügelknabe. An manchen Tagen hatte er panische Angst, in die Schule zu gehen. Er war der prädestinierte Außenseiter. Aber nun hatte er es geschafft. Beruflich und gesellschaftlich. Vor einigen Jahren hatte er die Apotheke seines Vaters übernommen und eine von Grund auf sanierte Stadtvilla im Norden von Bremerhaven erworben. Er besaß ein Cabrio mit Stern und eine schnittige Segelyacht.

Was ihm zu seinem Glück noch immer fehlte, war eine Familie. Gar nicht so leicht, wenn man kaum Kontakte hatte und zudem noch zu schüchtern war, um auf Frauen zuzugehen. Die Mitarbeiterinnen in der Apotheke machten sich hinter seinem Rücken lustig über ihn. Er hatte mitbekommen, wie sie darüber rätselten, ob er noch Jungfrau sei.

Heute würde keiner der alten Klassenkameraden mehr über ihn lachen und keiner würde auf die Idee kommen, ihn wieder »Siggibär« oder »Eiermännlein« zu nennen. Ja, er hatte es geschafft. Auch Rieke musste ihn heute mit ganz anderen Augen sehen. Er hatte ihre Fernsehkarriere verfolgt und besaß jeden ihrer Filme auf DVD, hatte jeden Zeitungsartikel über sie ausgeschnitten und gesammelt. Auch sie hatte zugesagt.

Er zog die Manschette seines Oberhemdes über die verräterischen Narben aus Jugendzeiten. Damals hatte Rieke ihn überraschenderweise zu einer ihrer beliebten Partys eingeladen. Verliebt und voller Hoffnung war er hingegangen. Aber der Abend hatte für ihn in einem unvergessenen Fiasko geendet.

Nach einer ausgiebigen Shopping-Tour stimmten Rieke und Hanna sich mit einer Flasche Prosecco auf den bevorstehenden Abend ein. Sie kicherten wie in Teenagertagen und erinnerten sich an so manch lustige Begebenheit. Sie hatten sich gern auf Kosten anderer amüsiert und sich damit nicht nur Freunde gemacht. Beide hatten damals den Ton angegeben und gingen ganz selbstverständlich davon aus, dass sich daran nichts geändert hatte.

»Wie ist Siggibär bloß auf die Idee gekommen, das Klassentreffen im **Leuchtturm Brinkamahof** zu feiern?«

»Ist doch eine coole Location im Fischereihafen. Bloß so weit draußen.«

»Das mein ich auch nicht. Ich hätte eher auf einen Spießerschuppen getippt.«

»Wer weiß, vielleicht besitzt er ja ein Segelboot, das dort liegt?«, vermutete Hanna.

»Das wäre ja mal eine tolle Sache.«

»Find ich auch. Lassen wir uns überraschen.«

Ausgelassen und frisch gestylt verließen die beiden das Haus an der Hafenstraße und ahnten nicht, wie dramatisch das Klassentreffen enden sollte.

Alle waren gekommen. Ein Wiedersehen nach 20 Jahren. Und alles auf Anfang. Sie standen in den typischen Cliquen herum, die sich schon zu Schulzeiten gebildet hatten. Als wäre die Zeit nicht vorangeschritten. Die Wortführer von früher hingen wieder zusammen und machten Späße auf Kosten der anderen. Bevor er sich versah, befand er sich wieder unter den »Opfern«. Siegbert spürte Enttäuschung und Scham aufsteigen. Wie war das möglich? Sie hatten sich doch im Laufe der Jahre allesamt verändert. Waren erwachsen geworden, hatten sich beruflich etabliert, so manch einer hatte es zu etwas gebracht. Und heute führten sie sich auf, als wäre die Pubertät spurlos an ihnen vorbeigerauscht.

Er beobachtete, wie Peter Kunze sich ein neues Bier holte. Selbstgefällig grinsend kam er auf ihn zu. »Na, Eiermann, hast dich aber fein gemacht. Teurer Zwirn.« Er lachte Beifall heischend in die Runde und zog respektlos an Siggis teurer Seidenkrawatte.

Siggi quittierte das mit einem überheblichen Grinsen. Früher hatte er den Kopf eingezogen und sämtliche Demütigungen still ertragen. Die Zeiten waren vorbei. Aber der Kloß im Hals war wieder da. Was konnte er tun, um den anderen zu zeigen, dass hier ein anderer Siegbert Eiermann stand? Einer, der es geschafft hatte!

»Nimm doch wenigstens deinen albernen Schlips ab. Mach dich locker. Wir sind hier nicht auf einer Beerdigung.« Kunze konnte es nicht lassen.

Siegbert drehte sich kommentarlos um. Warum sagte er nichts? Warum wehrte er sich nicht? Alle amüsierten sich prächtig. Mit ihm wollte wieder keiner etwas zu tun haben. Immer noch der Klassendepp. Mit gesenktem Kopf ging er zur Bar und bestellte sich einen Doppelten, den er ex hinunterkippte. Entschlossen ging er auf Rieke zu, die etwas abseits stand und mit dem ehemaligen Klassencasanova Bernd Holzmann angeregt flirtete. Die beiden waren früher mal ein Paar gewesen. Holzmann hatte besitzergreifend seinen Arm um sie gelegt und flüsterte ihr etwas ins Ohr. Rieke kicherte albern.

»Hallo, wie geht's?«

»Gestern ging's noch«, brüllte Holzmann und schlug sich lachend auf die Knie. »Verpiss dich, Siggibär. Du störst.«

Siggi nahm allen Mut zusammen: »Immer noch die primitiven Klosprüche im Angebot? Sag mal, hörst du dir eigentlich zu?« Er sah Holzmann herausfordernd an. Dann wanderte sein Blick zu Rieke. Er glaubte eine Spur von Bewunderung in ihren Augen zu lesen. Ja, so leicht ließ er sich nichts mehr gefallen. Mit der Reaktion hatte der aufgeblasene Proll wohl nicht gerechnet.

»Was willst du denn, du Penner? Mit dir redet keiner, Eiermann. Oder siehst du hier jemanden?« Holzmann hatte bereits einige Schnäpse zu viel intus. »Am besten, du gehst nach Hause, Pillendreher.«

Das hatte gesessen. Da war sie wieder, die Hilflosigkeit, die Angst zu versagen, sich lächerlich zu machen. »Der Junge hat keinen Mumm in den Knochen«, hörte er seinen strengen Vater sagen. Plötzlich war er wieder der verängstigte kleine Kerl, der von allen gemobbt wurde. Ein Nichts, ein Niemand. Alles wie früher. Rieke stand stumm und gelangweilt da und machte nicht mal den Versuch, Holzmann zu stoppen. Im Gegenteil, sie drehte ihm den Rücken zu und schenkte dem hormongesteuerten Primaten ihre gesamte Aufmerksamkeit. Das sollte sie büßen. So hatte er sich den Abend nicht vorgestellt. Er hatte eine launige Rede vorbereitet, die er als Organisator dieses Klassentreffens halten wollte. Die konnte er sich schenken. Das hieße Perlen vor die Säue werfen. Keiner würde zuhören, im Gegenteil, man würde ihn unterbrechen und ihn der Lächerlichkeit preisgeben. Das hatte er nun wirklich nicht nötig.

Abrupt drehte er sich um und ging aufgewühlt und vor Wut zitternd Richtung **Marina**. Dort am Bootsliegeplatz lag seine Segelyacht, auf der er zur Ruhe kommen wollte. Auf ihr hatte er noch immer die besten Ideen gehabt.

Über ihm kreiste ein Motorflugzeug, das Anflug auf den nahegelegenen **Regionalflughafen Bremerhaven** nahm. Die Sommernacht war schwül. Siggi saß auf dem Deck und sah in den sternenklaren Himmel. Der Wind, der von der Nordsee herüberwehte, wurde stärker, genauso wie der Lärm seiner Kameraden, der vom Leuchtturm herüberschwallte. Schienen sich alle köstlich zu amüsieren. Ihn vermisste garantiert keiner. Nachdenklich sog er an der Havanna und blies gekonnt kleine und große Kringel in die Luft. Der 21 Jahre alte Single Malt Whisky hatte seine Nerven beruhigt.

Lange hatte er über Rieke nachgedacht. Er hatte begriffen: Sie war genauso oberflächlich wie all die anderen Tussen aus seiner ehemaligen Klasse. Geld, Karriere, Klamotten und Vergnügen. Das war ihre Welt. Die wahren Werte des Lebens waren ihr fremd und nicht von Interesse. Er hatte sich gründlich getäuscht. Sie war nicht die mitfühlende und großherzige Frau, die sie in ihren Fernsehrollen verkörperte. Davon hatte er sich in den letzten Jahren verleiten lassen, hatte sie bewundert und verehrt und darüber ihre Boshaftigkeiten und ihre Hinterlist vergessen. Wenn er es nüchtern betrachtete, war sie nicht die großartige Schauspielerin. Das hatte er sich eingeredet. Über zweitklassige Soaps war sie nicht hinausgekommen. Was war das schon? Es würde ein Leichtes sein, sie im richtigen Moment auf seine Yacht neugierig zu machen. Sie würde nicht eher Ruhe geben, bis er ihr sein Schiff gezeigt hatte. Der Rest war dann ganz leicht. Heute Nacht würde er es ihr heimzahlen. Anflehen würde sie ihn, würde bereit sein, ihm alles zu geben, was sie ihm bisher verwehrt hatte. Er machte mit dem Smartphone einige Fotos von der Yacht, verließ sie siegessicher und schlenderte zurück zum Leuchtturm.

Sie war so leicht zu durchschauen. Es war tatsächlich ganz einfach gewesen, sie aufs Schiff zu locken. Ein Blick auf die Fotos hatte gereicht und ihre Neugier war geweckt. Sie war sofort bereit gewesen, ihm auf die Yacht zu folgen.

Rieke war mächtig beeindruckt. Er musste versprechen, morgen mit ihr einen Segeltörn zu unternehmen. Das konnte er ihr guten Gewissens zusichern.

Kaum an Bord, umgarnte sie ihn, machte ihm Komplimente. Mit ihrer Flirtoffensive hatte sie nur scheinbar Erfolg. Er war nicht mehr der verliebte, pubertierende Dackel, der ihrem Schauspieltalent erlag. Damals hatte sie mit ihm geflirtet, ihm Hoffnung gemacht und ihm total den Kopf verdreht. Es hatte lange gedauert, bis er dahintergekommen war, dass sie lediglich einen Idioten gesucht hatte, der ihr die Hausaufgaben machte, der sie abschreiben ließ. Rieke tat nichts ohne Berechnung. Er betrachtete seine Narbe am Handgelenk, die ihn zwangsläufig an den dunkelsten Tag seines Lebens erinnerte. Er war stolz und glücklich gewesen, als sie ihn damals zu einer Party mitnahm.

Von ihm unbemerkt hatten Rieke und Hanna harten Alkohol in seine angebrochene Bierflasche gegossen. Ihm, der keine Erfahrung mit Alkohol hatte, wurde schwindelig, er legte sich mit letzter Kraft auf Riekes Bett und schlief betäubt ein. Daraufhin zogen Rieke und Hanna ihn aus und präsentierten ihn, nur mit einer Unterhose bekleidet, den anderen Partygästen. Keiner hatte dem Treiben ein Ende bereitet, keiner hatte zu ihm gestanden. Er war zum Gespött der Schule geworden. Diese Demütigung hatte er nicht ertragen und sich im Badezimmer seines Elternhauses die Pulsadern aufgeschnitten. Er war zwar rechtzeitig gerettet worden, aber diese Demütigung hatte er bis heute nicht verwunden.

Riekes Sprache klang verwaschen, ihre Gestik wurde unkontrolliert. Das Betäubungsmittel wirkte schnell. Sie hatte Mühe, wach zu bleiben. Ungläubig sah sie Siegbert an.

»Was ist mit mir los? So viel habe ich doch gar nicht getrunken.«

»Gleich wird es dir richtig schlecht gehen, meine Liebe. Erinnerst du dich an die Party, auf der du mich abgefüllt hast? Mich vorgeführt hast?«

»Das war doch ein Scherz, Siggi. Wir waren jung und dumm. Das nimmst du mir doch heute nicht mehr übel?«

»Doch, Rieke. Wegen dir wollte ich meinem Leben ein Ende bereiten.« Er zog die Manschette hoch und präsentierte ihr seine Narben.

»Du wolltest dich umbringen? Oh … Das wollten wir doch nicht. Darüber haben wir doch gar nicht nachgedacht.«

»Aber ich. Die letzten 20 Jahre habe ich darüber nachgedacht. Und heute war alles wieder da. Wie du mich ignoriert, dich dem asozialen Sack an den Hals geschmissen hast. Nee, Rieke … heute ist der Tag der Abrechnung.« Siegbert trat an die völlig verängstigte Rieke heran und fesselte ihr mit Kabelbindern Hände und Füße. »Du musst nicht schreien, hier hört dich keiner. Dein Fanklub drüben ist inzwischen so besoffen, die vermissen dich nicht.«

»Doch, Hanna.«

Er grinste überlegen. »Die ist schon vor einer Stunde mit dem notgeilen Holzmann in seinem Angeberschlitten weggefahren. Keiner hat bemerkt, dass du mit mir zum Bootsliegeplatz gegangen bist. Darauf hab ich geachtet.«

»Mach mich los, Siggi, das ist kein Spaß mehr.«

»Das stimmt. Nach Spaßen ist mir nicht zumute.« Plötzlich hatte er eine Spritze in der Hand. »Das ist eine Insulinspritze. Ich gehe mal davon aus, dass du keine Diabetikerin bist?«

»Bin ich nicht, aber hast du nicht schon als Kind gespritzt?«

»Ganz richtig. Weißt du, was passiert, wenn ich dir jetzt Insulin spritze?«

Panisch schüttelte sie den Kopf.

»Keine zehn Minuten und du fällst nach heftigen

Krämpfen in ein hypoglykämisches Koma, aus dem du nicht mehr erwachen wirst.«

»Siggi, bitte! Das meinst du nicht ernst?«

»Doch. Bitterernst.«

Aus panisch blickenden Augen beobachtete sie hilflos, wie Siggi mit einer feinen Nadel das Insulin unter ihre Haut spritzte.

»Und da ich im Gegensatz zu dir meine Versprechen einlöse, werden wir beide morgen mit der Flut auslaufen und deinen letzten Segeltörn auf der Nordsee unternehmen. Ahoi, Rieke.«

Bremerhaven-Lehe

Lehe ist einer der ältesten Stadtteile Bremerhavens. In den überlieferten schriftlichen Quellen wird die Ortschaft bereits 1275 zum ersten Mal erwähnt. Mit der Gründung Bremerhavens (das heutige Mitte) im Jahr 1827 bildete sich Lehe zur Arbeiterstadt für den explosionsartig wachsenden Hafenbetrieb, für die Werften und die Hochseefischerei heraus. Nach dem Zweiten Weltkrieg entwickelte sich Lehe zum Kneipen- und Amüsierviertel. Die hier stationierten US-Soldaten und die Seeleute der eingelaufenen Schiffe prägten das Bild.

Der historische Mittelpunkt des Stadtteils ist der Ernst-Reuter-Platz und die angrenzende Hafenstraße, die Haupteinkaufsstraße Lehes, die die Kreuzung Leher Tor mit dem Leher Altmarkt verbindet.

Lehe, einer der größten Stadtteile Bremerhavens, zeichnet sich aus durch seine urigen Kneipen, vielfältige Kulturveranstaltung (sehr beliebt, der alljährliche Leher Kultursommer), Freizeitangebote für Kinder und Jugendliche aller Nationalitäten sowie das Rotlichtviertel, bunt und spannend. Alte Bürgerhäuser und Prachtbauten lassen den einstigen Reichtum von Reedern und Kaufleuten, die hier zur Blütezeit residierten, erahnen. Heute lebt man in Lehe in einem multikulturellen Wohnumfeld. Ein Gang durch die pulsierende Hafenstraße lässt durchaus den Vergleich mit Berlin-Kreuzberg aufkommen. Wer außer den üblichen Touristenzielen mehr von Bremerhaven sehen möchte, sollte sich einen Spaziergang durch Lehe gönnen: Hafenstraße, Rickmersstraße, ein Anziehungspunkt für Seeleute aus aller Welt, das Rotlichtviertel mit der Lessingstraße, das Goethequartier, das Zolltor *Roter Sand* und der Hafen.

Freizeittipps in Lehe:
Stadthalle
Wilhelm-Kaisen-Platz

Der 18 Millionen D-Mark teure Bau wurde 1974 offiziell eröffnet. Großartige Künstler haben hier auf der Bühne gestanden: zum Beispiel Meat Loaf, Fats Domino, Pur, Herbert Grönemeyer, Udo Lindenberg, Johnny Cash, Mariah Carey, Marius Müller-Westernhagen, Andrea Berg, Die Toten Hosen, Kelly Family, Peter Maffay, David Garrett, Die Ärzte und viele andere.

2008 kamen 26.000 Besucher zum Open-Air Konzert von den Ärzten auf den Wilhelm-Kaisen-Platz. Die Toten Hosen lockten 22.000 Fans an. Auch dezentral veranstaltet die Stadthalle große Konzerte, zum Beispiel im Fischereihafen und auf der Seebäderkaje. Unvergessen das Konzert der Scorpions auf einer schwimmenden Bühne vor dem Deich, oder das von Pur und Ina Müller auf der Seebäderkaje.

Jährlich im Oktober findet hier der traditionelle und beliebte Sängerwettstreit *Seebeck am Markt* statt.

www.stadthalle-bremerhaven.de

Eisarena

Wilhelm-Kaisen-Platz

Am 4. März 2011 wurde die Eisarena direkt neben der Stadthalle eröffnet und ist Heimat des Eishockey-Profiteams *Fischtown Pinguins*.

Jährlich im September beginnt die Eislaufzeit für die Öffentlichkeit. An drei Tagen in der Woche können sich Eislaufbegeisterte austoben. Am Sonntag von 10.30 bis 12.30 Uhr wird mit dem Decathlon-Familieneislauf eine Eislaufzeit für Familien beziehungsweise Eltern mit kleinen Kindern angeboten. Der öffentliche Eislauf am Sonntag beginnt um 13.30 Uhr und endet um 15.30 Uhr. Schulen, Kindergärten, Firmen und Freizeitvereine können Eislaufzeiten buchen.

www.eisarena-bremerhaven.de

Synagoge

Kleiner Blink 6

Im November 2000 erfolgte in Bremerhaven die Neugründung einer Jüdischen Gemeinde mit

30 Mitgliedern. Sie war somit die erste jüdische Gemeinde Bremerhavens nach 1938. Da die frühere Synagoge an der Schulstraße im Stadtteil Geestemünde 1938 zerstört worden war, richteten die Mitglieder eine neue Synagoge in der Kirche am Kleinen Blink, einer Kirche der amerikanischen Kasernen, ein, die am 27. November 2000 mit der Übergabe von Thora-Rollen eingeweiht wurde. An die alte Synagoge erinnert heute ein Gedenkstein.

Jüdischer Friedhof
Kreuzburger Straße

Auf dem Jüdischen Friedhof, der seit 1768 belegt ist, befinden sich 253 Grabsteine. Viele der neueren Grabsteine entsprechen weniger der jüdischen als der russischen Tradition, einige zeigen Bilder der Verstorbenen.

Am 12. März 2014 wurde der Jüdischen Gemeinde ein Teil des Friedhofs Spadener Höhe übergeben.

Freizeitstätte Lehe-Treff
Eupener Straße 3B

Der Lehe-Treff ist eine Einrichtung der offenen Kinder- und Jugendarbeit und bietet ein Raum-, Freizeit- und Bildungsangebot für Kinder, Jugendliche und junge Erwachsene. Hier finden junge Menschen einen geschützten Rahmen, in dem sie außerhalb von Schule und Familie ihre Grund-

bedürfnisse nach Kontakt, Kommunikation und sozialer Anerkennung umsetzen können.
Bei der Planung und Ausgestaltung von Angeboten werden die unterschiedlichen ethnischen Hintergründe berücksichtigt.
Öffnungszeiten und Infos unter: www.lehe-treff.de

Rückenwind für Leher Kinder e. V.
Goethestraße 35
Der Sinn und Zweck von Rückenwind für Leher Kinder e. V. ist es, Leher Kindern im Alter von 4 bis 12 Jahren an vier Nachmittagen in der Woche, dazu auch an zahlreichen Wochenenden und in allen Ferien, ein kostenloses Betreuungs-, Freizeit- und Förderangebot zu machen.
Ihre körperlichen, geistigen, emotionalen, kulturellen und sozialen Bedürfnisse sollen angemessen berücksichtigt werden. Die Kinder sollen angeregt werden, Interessen und Fähigkeiten zu entwickeln, um aktiv auf ihre Lebensgestaltung und Entwicklung ihres Stadtteils Einfluss nehmen zu können.
Geöffnet für Kinder: Mittwoch bis Freitag 15 bis 18 Uhr
Kontakt: Tel.: 0471/3917599

Stadtpark Lehe
Der neu gestaltete Leher Stadtpark bietet Jung und Alt Erholung, Fitness und Spiel. Die Fitness-

und Motorikgeräte, das Strauchlabyrinth und das Baumxylofon erfreuen sich großer Beliebtheit. Zahlreiche Bänke laden im Bereich des Duft- und Sinnesgarten zum Verweilen ein.
Für große und kleine Kinder ist ein Spielplatz zum Toben ein großer Anziehungspunkt. Für Jugendliche befindet sich an der Hinrich-Schmalfeldt-Straße ein künstlicher, drei Meter hoher Kletterfelsen, der nach Überquerung von Stämmen und Steinen erklommen werden kann.
Den Park können Sie von der Hafenstraße, Hinrich-Schmalfeld-Straße, Neuenlandstraße und Wülbernstraße betreten.

Kriminalmuseum Bremerhaven

Das Kriminalmuseum befindet sich im Polizeihaus in der Hinrich-Schmalfeld-Straße 32, im ehemaligen Polizeigefängnis, und verfügt über 175 Quadratmeter Ausstellungsfläche. Die Räume sind thematisch aufgeteilt in Gewaltkriminalität, Eigentumsdelikte, Rauschmittel und anderes.
›Kriminalmuseum und Lehrmittelsammlung‹ steht auf dem Schild, das direkt über dem vergitterten Eingangstor des alten Traktes hängt. Durch die Gitterstäbe sieht man Zellentüren mit dicken Schlössern, Riegeln und Gucklöchern. Hier wird erlebte Kriminalgeschichte gezeigt und erzählt. Es ist schon sehr gruselig, Mordwaffen zu betrach-

ten, mit denen tatsächlich Menschen ermordet wurden. Auch die anschaulich geschilderten Kriminalfälle gehen unter die Haut.

Das Museum ist nicht frei zugänglich. Schulklassen (Mindestalter 14 Jahre), kleinere Gruppen oder Gesellschaften können sich telefonisch anmelden unter: Tel: 0471/9531122.

Senioren Internet Café Auf Draht
Hafenstraße 156

Im Senioren Internet Café *Auf Draht* können alle Interessierten über 55 Jahre unter individueller Anleitung Erfahrungen im Umgang mit dem Computer machen. Angeboten werden auch Kurse wie zum Beispiel digitale Fotografie und Bildbearbeitung.

Das Café ist zudem ein beliebter Treffpunkt für Gespräche und gemeinsame Projekte in zwangloser Atmosphäre. In den Nachmittagsstunden kann im Internet gesurft oder der Computer zum Üben genutzt werden. Ein Team steht für Rat und Tat zur Seite.

Kontakt: Tel: 0471/8007616

Altstadtrundgang Bremerhaven

Der Altstadtrundgang Bremerhaven verläuft durch das Gründerzeitviertel des Stadtteils Lehe. GEHschichte eines Stadtteils. Der Spaziergang durch die Altstadt – deshalb GEHschichte ist mit

Tafeln bestückt, die Erläuterungen und Hintergrundinformationen bieten.
1. Station: Los geht es am *Ernst-Reuter-Platz*. Dort steht neben der Bushaltestelle die erste Tafel und begrüßt die Besucher.
2. Station: *Geburtshaus von Lale Andersen* in der Lutherstraße 3. Dort erinnert eine Tafel an die in Bremerhaven geborene Sängerin und Schauspielerin Lale Andersen.
3. Station: »*Theo*«
Vor der ehemaligen Theodor-Storm-Schule steht eine Informationstafel, die auf die veränderte Schullandschaft hinweist. Das schöne und denkmalwürdige Gebäude ist nach aufwendigem Umbau der Bremerhavener Öffentlichkeit als Zentrum des Goethequartiers erhalten geblieben. Beim Umbau wurde Wert darauf gelegt, dass historische Elemente erhalten bleiben.
4. Station: *Potsdamer Straße* (Die GEHschichte der verschwundenen Aue). Das Wasser von Norden floss bis 1971 durch das Viertel. Die Aue unterquerte die Potsdamer Straße an der Stelle, an der die nächste Tafel aufgestellt ist. Bei Ebbe floss die Aue in die Geeste. Sieltore verschlossen bei Flut die Mündung der Aue. Nach dem Ausbau der Kanalisation verlor die Aue ihre Funktion und wurde zugeschüttet.
5. Station: *Leher Pausenhof*
Die Informationstafel in der Eupener Straße weist

darauf hin, dass hier bis 2005 die Deichschule stand und aufgrund drastisch gesunkener Schülerzahlen abgerissen wurde. Der Leher Pausenhof wird seit 2007 als Spiel- und Freifläche genutzt.

6. Station: *Goethestraße/Geschichte der schiefen Häuser*

Eine Reihe von Häusern im Goethequartier ist aufgrund unzulänglicher Pfahlgründung in Schieflage geraten. Die Häuser sind im Untergrund unterschiedlich abgesackt. Damit die Häuser bewohnbar bleiben können, wurden unter anderem Fenster, Türen und Böden der Neigung der Häuser angepasst.

7. Station: *Goethestraße/Heinrichstraße/ Geschichte der Eckkneipen*

Die Tafel Ecke Gothestraße/Heinrichstraße informiert über die zahlreichen Eckkneipen, in denen früher das Leben der Leher Bürger stattfand. Ebenso auf die Bedingungen, die auf den Werften herrschten sowie im Hafen, der Seefahrt und in den zahlreichen Handwerksbetrieben. In den Kneipen waren die einfachen Menschen Lehes unter sich. Sie entflohen den engen Wohnungen, in denen sie häufig mit vielen Kindern wohnten und machten die Kneipe zu ihrem zweiten Wohnzimmer. Mit den Amerikanern entstanden nach 1945 auch Clubs und Bars wie zum Beispiel der beliebte Jazzclub *Chicos Place* oder *Tug Boat Inn*, wie das Hotel Metropol kurzerhand umbenannt worden war. Dort kamen sich GIs und die »Frauleins« näher.

8. Station: *Heinrichstraße/Potsdamer Straße: Ein Straßenabschnitt unter Denkmalschutz*

An denkmalgeschützten Gebäuden in der Heinrichstraße, die den Arbeitern der Hafenstraße als Wohnhäuser dienten, entdeckt der Betrachter reich verzierte Fassaden. In der Gründerzeit befanden sich diese Häuser auf Betriebsgrundstücken der bauwirtschaftlichen Betriebe, die damit ihr Können unter Beweis stellen wollten.

Galerie Goethe45

Goethestraße 45

»Goethe45 ist ein sehr cooler Space für Artworker im schönen Bremerhaven-Lehe. Die Liebe zu den schönen Künsten findet hier einen angemessenen Ausstellungsrahmen in zwei Wohnungen.«

Strandhalle

H.-H.-Meier-Straße 1

Die Strandhalle in der H.-H.-Meier-Straße wurde 1912 erbaut und bietet Erlebnisgastronomie am Meer. Die »Perle am Deich« mit ihrem Biergarten auf dem Willy-Brand-Platz bietet eine einzigartige Aussicht.

Die Strandhalle wurde 1911 als Einrichtung einer Warte- und Speisehalle für Angestellte des *Nord-*

deutschen Lloyds geplant. Julius Hagedorn wurde mit der Planung beauftragt und entwarf in Anlehnung an andere Bremerhavener Gebäude einen Klinkerbau, in dessen Untergeschoss eine Aquarienanlage eingerichtet wurde.

1987 bis 1989 wurde die Strandhalle von Grund auf saniert. Die Fassade wurde erneuert, der Turm erhöht und das Innere des Gebäudes neu gestaltet.

ww.strandhalle-bremerhaven.de

Auswandererdenkmal

Seebäderkaje

Das Auswandererdenkmal auf der Seebäderkaje, gleich neben der Strandhalle und hinter dem Zoo am Meer ist ein Symbol der Freiheit. Es erinnert an die mehr als 7 Millionen Auswanderer, die zwischen 1830 und 1974 von Bremerhaven aus die Schiffspassage nach Übersee antraten.

Das Denkmal zeigt eine vierköpfige Auswanderfamilie und wurde von dem amerikanischen Bildhauer Frank Varga aus Detroit 1986 geschaffen.

Seebäderkaje

Willy-Brandt-Platz

Von hier aus nimmt das Passagierschiff *Fair Lady* Kurs auf die Insel Helgoland.

Während maritimer Großveranstaltungen legen

auch Großsegler wie das polnische Vollschiff *Dar Mlodziezy* oder die Bremerhavener Bark *Alexander von Humboldt II*, die Hansekogge *Ubena von Bremen*, *Roland von Bremen* und andere an. Am Ende der 430 Meter langen Kaje befindet sich eine Pontonanlage, um Schiffen geringerer Größe das Anlegen bei jedem Wasserstand zu ermöglichen.

Hier steht auch die rot-weiß gestreifte Leuchtbake, das sogenannte »Minarett«, das Unterfeuer zum in Sichtweite liegenden Simon-Loschen-Leuchtturm. Beide bilden zusammen die Richtfeuerlinie Bremerhaven und markieren den Übergang von der Außen- zur Unterweser.

Auf der Seebäderkaje finden immer wieder große Open-Air-Konzerte mit namhaften Künstlern statt, die sich großer Beliebtheit erfreuen.

Weserdeich

Der Weserdeich mit seiner oberen und unteren Promenade ist die schönste Bummelmeile Bremerhavens zwischen den Häfen und der Geeste. Auswandererdenkmal, Pingelturm, Simon-Loschen-Leuchtturm, Seebäderkaje, Zoo am Meer, Atlantic Hotel Sail City, Mediterraneo, Klimahaus, Deutsches Schiffahrtsmuseum, Weserstrand und Radarturm auf der einen Seite, auf der anderen Seite die Weser, mit einem wunderschönen

Blick in die Ferne. Gemütliche Bänke laden zum Verweilen ein. Hier bläst dem Spaziergänger der Wind um die Nase und die Nordsee scheint zum Greifen nahe.
Aufgrund des Klimawandels und des damit verbundenen Meeresspiegelanstiegs wurde der Deich um zwei Meter erhöht und hat jetzt eine Höhe von 8,60 Metern. Somit ist Bremerhaven sehr gut auf etwaige Sturmfluten in den nächsten 20 Jahren vorbereitet.

Pingelturm

1900 wurde der von dem Bremerhavener Hafenbaudirektor Rudolf Rudloff entworfene Leuchtturm, mit der nautischen Bezeichnung *Kaiserschleuse Ostfeuer*, an der Nordseite der Einfahrt zur Kaiserschleuse errichtet. Wegen seiner Nebelglocke wird der im Backsteinstil erbaute Leuchtturm Pingelturm genannt.
Der Pingelturm ist heute noch ein tätiges Seezeichen.

Simon-Loschen-Leuchtturm

Der Simon-Loschen-Leuchtturm ist eines der Wahrzeichen Bremerhavens. Er ist der älteste Festland-Leuchtturm an der Nordseeküste und heute noch in Betrieb. Er wurde 1853 von dem

Architekten Simon Loschen erbaut, der auch die Bürgermeister-Smidt-Gedächtniskirche in Bremerhaven erschaffen hat. Bei der Eröffnung des Leuchtturms speiste man das Oberfeuer noch mit Petroleum, 1942 ist dann auf elektrischen Strom umgestellt worden.

Hier hat auch das Standesamt Bremerhaven eine Außenstelle eingerichtet. Brautpaare können sich auf dem Leuchtturm das Ja-Wort geben.

Unterhalb des Leuchtturms befindet sich die Schleuse zur Einfahrt in den Neuen Hafen.

Sportbootschleuse (Schleuse Neuer Hafen)

Die Schleuse ermöglicht, dass Schiffe im Neuen Hafen weitgehend unabhängig von den tideabhängig schwankenden Wasserständen ein- und ausfahren können. Am Plateau vor dem Simon-Loschen-Leuchtturm und im Bereich des Schleusenvorhafens sind diverse Aussichts- und Besucherplätze für den Blick auf die Schleuse geschaffen worden.

An der Schleuse erfolgen die Warnungen für Fußgänger, die die Brücke passieren möchten, über Lautsprecher in drei Sprachen. Neben Deutsch und Englisch jetzt auch op Platt.

Semaphor

Auf der Nordmole, der Einfahrt zum Neuen Hafen (Sportbootschleuse) steht das Semaphor. Der fast 20 Meter hohe Mast zeigt die Windgeschwindigkeit und die Windrichtung von Borkum und Helgoland an. Ein schräg hängender Arm bedeutet eine Windstärke, ein waagerecht ausgestreckter zwei Windstärken. Die beiden Windrosen über den Buchstaben B (Borkum) und H (Helgoland) zeigen die Windrichtung an.

Von 1893 bis 1972 zeigte das Semaphor in der Wesermündung den Schiffen, welche Windverhältnisse auf Borkum und Helgoland herrschten. 1972 wurde das Semaphor stillgelegt und 1976 demontiert. 2005 wurde der Signalgeber rekonstruiert und an der Sportbootschleuse Neuer Hafen aufgestellt.

Ein Minicomputer fragt alle 15 Minuten Mails im Internet ab, die vom Deutschen Wetterdienst in Hamburg gesendet werden. Wenn sich die Windgeschwindigkeit ändert, sorgt ein Programm dafür, dass sich die Zeiger entsprechend ändern.

Leuchtturm Brinkamahof

Am Seedeich 57

Im Leuchtturm Brinkamahof befindet sich die kleinste Kneipe Bremerhavens: Sailor's Pub. Die urige Kneipe im Leuchtturm ist von April bis

September freitags und sonnabends ab 20 Uhr geöffnet. Für Gruppen wird auch außerhalb der Öffnungszeiten nach vorheriger Vereinbarung geöffnet.
Der Leuchtturm wurde 1910/1911 gebaut und hatte seinen ursprünglichen Standort auf dem Wurster Watt. 1980 versetzte man den Turm mit dem Schwimmkran *Thor* zur Marina der Nordsee-Yachting. Dort dient er als Wahrzeichen und gemütliche Kneipe der Marina.

Marina/Sportboothafen
Bremerhaven Nordsee Yachting
Am Seedeich 57

Der Yachthafen mit dem eigenen Leuchtturm.
Die Marina Bremerhaven liegt am »Eingang« zur Nordsee. Die 240 Bootsliegeplätze an Schwimmstegen mit Fingerauslegern und direkter Strom- und Wasserversorgung befinden sich in einer gepflegten Grünanlage. Die Marina kann von Booten und Yachten bis 30 Metern und einem Tiefgang von 2,80 Metern angelaufen werden. Die kinderfreundliche Marina liegt in naturbelassener Umgebung. Bootstankstelle: An der Wassertankstelle stehen diesel- und bleifreie Superkraftstoffe sowie Öle und vieles mehr zur Verfügung.
Weiter Infos: www.nordsee-yachting.de

Regionalflughafen

Der Flugplatz der Region für den Flugverkehr an der Küste, für Freizeit- und Geschäftsflieger, befindet sich am Luneort, direkt hinter dem Weserdeich. Die Flugzeuge verkehren zwischen Helgoland, dem Festland und den ostfriesischen Inseln.

Rundflüge über das Lichtermeer Bremerhavens: In der dunklen Jahreszeit fliegt die Maschine vom Typ Britten Norman Islander (acht Fluggäste finden Platz) freitags und sonnabends nach Sonnenuntergang über das Lichtermeer mit seinen Tausenden von Straßenlaternen, Zehntausenden Autos und Gebäuden. Bei 300 Metern Flughöhe ist der Überblick über das Stadtgebiet einmalig: Die Havenwelten sind in blaues Licht getaucht, die Stresemannstraße strahlt orange und auf der Stromkaje blitzen die Lichter. Die Scheinwerfer leuchten tief in die Laderäume der Frachter hinein. 30 Minuten dauert der Flug. Verkauft werden die Flüge über die OFD und die Tourist-Info. Te.: 0471/414141.

TÖDLICHE KEIME

Kriminalhauptkommissar Hubert Kruckenberg war nach seiner Unterschenkel-OP bereits seit drei Monaten an den Schreibtisch gefesselt. Innendienst war so gar nicht sein Ding. Am letzten Tatort war er unglücklich ausgerutscht und hatte sich einen zweifachen, komplizierten, offenen Unterschenkelbruch zugezogen. In seinem operierten Unterschenkel puckerte und arbeitete es schmerzhaft. Eine kleine Stelle auf dem Schienbein suppte und wollte sich nicht schließen. Das war doch nicht normal. Er beschloss, nach Feierabend seine Hausärztin aufzusuchen, die er seit dem skurrilen Transen-Mord in ihrem Haus nicht mehr gesehen hatte.

Heute Morgen hatte ein Bademeister eine männliche Leiche im **Freibad Grünhöfe** gefunden. Die Kollegen waren bereits vor Ort. Kruckenberg schob Frust. Ausgerechnet er musste wegen seiner vermaledeiten Verletzung Innendienst schieben. Ungeduldig scharrte er mit den Hufen. Eine Tatortbesichtigung ohne ihn, das ging ja mal gar nicht. Ächzend zog er sich an der Schreibtischplatte hoch und angelte nach den Gehhilfen. Sogar einen Kaffee zu holen bereitete ihm Schwierigkeiten.

»Moin, Hubi, alte Krücke.« Bubi Schulze, der geradewegs vom Tatort kam, stürmte das Büro und klopfte ihm kräftig auf die Schulter. »Jetzt gibt's Neuigkeiten. Echt geil, du wirst staunen.«

Kruckenberg ignorierte die respektlose Anrede des jungen Kollegen. Was der nun wohl wieder für geil hielt? Schulze, ein cleveres Bürschchen, war erst seit einigen Wochen in der Abteilung, brachte Schwung in die Bude und schoss schon mal übers Ziel hinaus. Kruckenberg mochte ihn trotz seines losen Mundwerks, befürchtete aber, dass dieser Bursche nie erwachsen werden würde. »Und? Weiß man schon, mit wem wir es zu tun haben?«

»Ein Dr. Eberhard Mücke. Stell dir vor, der wurde erdrosselt und ins Becken geschmissen. Das ist noch nicht alles. Der Mörder hat ihm das rechte Bein abgesäbelt und auf dem Drei-Meter-Brett hochkant drapiert. Voll krass.« Schulze setzte sich auf Kruckenbergs Schreibtisch und sah ihn erwartungsvoll an. »Was ist los, Chef?«

»Dr. Eberhard Mücke? Bist du sicher?«

»Jau, seinen Ausweis hatte er bei sich. Kennst du den?«

»Der hat mich operiert«, stellte Kruckenberg fest und spürte wieder das unermüdliche Pochen in seinem Bein, das ihn langsam in den Wahnsinn trieb. Zwei starke Schmerztabletten hatte er heute Morgen eingeworfen. Und keine hatte geholfen.

»Ehrlich? Der hat dich operiert? Vielleicht hat der

bei einem Patienten Scheiße gebaut und der hat sich gerächt? Alles in Ordnung mit dir?«

»Geht so. Und dem hat man wirklich das Bein abgetrennt? Oder erzählst du wieder einen vom Pferd?«

»Wenn ich es doch sage. Voll krass. Die Kollegen von der KTU bringen gleich die Fotos. Solltest sehen, der sieht echt übel aus.« Er fummelte sein Smartphone aus der Hosentasche und hielt es Kruckenberg vor die Augen. »Hier, ein kleiner Vorgeschmack. Ich hab mir gedacht, du bist heiß darauf.«

Kruckenberg sah staunend auf den toten Mücke. Schulze wischte zum nächsten Foto, welches das aufgestellte Bein auf dem Sprungbrett zeigte. Schuh und Socke hatte der Mörder dem Bein gelassen.

Für Kruckenberg war die Situation geradezu unwirklich. Vorgestern war er zum x-ten Mal zur Nachsorge bei Mücke angetanzt. Und heute war der Doc einbeinig und tot. In seiner ganzen Laufbahn hatte er noch niemanden gekannt, der später Opfer eines Gewaltverbrechens geworden war. »Ist der Fundort auch der Tatort?«

»Eindeutig. Ist viel Blut geflossen. Kein schöner Anblick auf nüchternen Magen.« Schulze verzog angewidert das Gesicht. »Was war das für ein Typ? Erzähl mal.«

»Hab ihn ein paar Mal zur Visite gesehen und später mehrfach zur Kontrolle. Das letzte Mal vorgestern. Arrogant und abgehoben, ständig in Hektik. Ein Gott in Weiß, wie man sich so einen vorstellt.« Kruckenberg legte das schmerzende Bein auf dem Papierkorb ab. Er öffnete den Klettverschluss vom Gipsschuh, der einem Skistiefel ähnlich sah. Vielleicht lag Schulze gar nicht so falsch. Und wenn bei seiner OP auch etwas schiefgelaufen war?

Mücke hatte seine Befürchtungen mit einer Handbewegung vom Tisch gewischt. »Alles ganz normal. Die kleine Stelle wird sich bald schließen. Immer schön sauber halten und sie werden bald wieder springen wie ein junger Hirsch. Wir sehen uns nächste Woche.«

Er war weder ein Hirsch noch wollte er springen, er wollte nur schmerzfrei sein. Bevor er weitere Fragen hatte stellen können, war Mücke bereits aus dem Sprechzimmer gehetzt.

Warum kam ein renommierter Arzt, der bestimmt eine Villa mit Swimmingpool zwischen den Reichen und Schönen bewohnte, ausgerechnet nach Grünhöfe ins Freibad? Bestimmt nicht zum Baden. Und bestimmt nicht freiwillig.

Der Gerichtsmediziner hatte äußerst schnell gearbeitet. Kruckenberg brütete über dem Obduktionsbericht. Sein Bein schmerzte noch heftiger, als er las, dass Mücke das Bein bei lebendigem Leib mit einem Beil abgetrennt worden war. Danach hatte man ihn erdrosselt.

»Ach nee«, entfuhr es ihm. Aus dem Obduktionsbericht ging eindeutig hervor, dass man im Blut von Dr. Mücke Rückstände von Kokain gefunden hatte.

Den »Schnee« musste er schon sehr lange und regelmäßig konsumiert haben.

Was hatte es mit dem Bein auf dem Sprungbrett auf sich? Wollte der Mörder einen Hinweis geben? Hatte Bubi Schulze den Nagel auf den Kopf getroffen? Es sah tatsächlich danach aus, dass hier ein wütender Patient am Werk gewesen war. Deshalb hatte er sich bereits die Namen aller von Mücke in den letzten Jahren operierten Patienten zukommen lassen. Gemeinsam mit Schulze ackerte er sich durch die seitenlangen Listen, um alle von Mücke beinoperierten Patienten herauszufiltern.

»Hier ist ein Hubert Kruckenberg gelistet, solltest du den kennen?«, flachste Schulze und reichte dem Kollegen grinsend das Blatt. »Hast du ein Alibi für die Tatzeit?«

»Sehr lustig.«

»Warst du gestern beim Arzt?«

»War schon zu.«

»Und warum nicht heute Morgen?«

»Du siehst doch, was zu tun ist. Willst du das alleine machen?«

»Faule Ausrede. Dir ist nicht zu helfen«, war Schulzes Antwort. Verständnislos schüttelte er den Kopf. Er verstand ohnehin nicht, dass Kruckenberg bereits eine Woche nach der OP wieder zum Dienst erschienen war. Na ja, Kruckenberg eben … So kannte man ihn. Arbeit über allem.

»Dieser Mücke muss ein merkwürdiger Zeitgenosse gewesen sein«, stellte Kriminalhauptkommissarin Mona Butenschön fest und schmiss ihre schwarze Lederjacke auf den nächstbesten Stuhl. Mitleid ließ sich beim besten Willen aus dieser Bemerkung nicht heraushören. »Außer einem unehelichen Sohn hatte er weder Familie noch Freunde, sagt die Pflegedienstleiterin.« Mona schenkte Kaffee unter dem angeekelten Blick von Kruckenberg in ihre nicht abgespülte Tasse. »Was guckst du so? Hauptsache Kaffee.«

»Hm, du musst es wissen. Und was sagt die Pflegedienstleiterin über seine Kontakte in der Klinik? War er bei den Kollegen und Patienten beliebt? Hatte er Feinde?«

»Kotzbrocken haben immer Feinde.«

»Sagt die Pflegedienstleiterin?«

»Nicht so direkt. Aber man hörte schon deutlich heraus, dass Mücke höchst unbeliebt bei den Kollegen und dem Pflegepersonal war. Fachlich ein Ass, aber menschlich eine Niete.«

»Hobbys?«

»Ja, er hatte es mit Vögeln.« Mona sortierte mit harmloser Miene die Papiere auf ihrem Schreibtisch.

Schulzes Kopf schnellte hoch. »Vögeln?«

»Nicht, was du nun wieder denkst, Bubi. Schon mal den Begriff Ornithologe gehört?«

»Ach so.« Schulze schien enttäuscht und grinste zweideutig. »Sag das doch gleich. Ein toter Ornithologe. Und was sagt uns das?«

»Ein toter Hobby-Ornithologe«, verbesserte Mona. »Hinter seinem Rücken nannte man ihn den Zwergsäger.«

»Warum das denn?«

»Hab ich auch gefragt. Das ist ein seltener Vogel, für den Mücke sich ganz besonders interessiert hatte. Passt doch auch im übertragenen Sinne: Knochen sägen gehörte zu seinem Handwerk und groß war er nicht gerade. Er nahm am Tattag an einer Vogel-Exkursion auf der **Luneplate** teil.«

»Kümmer dich mal darum: Wer war der Organisator, wer war Wanderführer, welche Route wurde abgelaufen, Teilnehmerliste, du weißt schon.«

»Vorher fahr ich dich zu deinem Arzt«, entschied Mona in einem Ton, der keinen Widerspruch duldete. Sie durfte das. Sie war vor zwei Jahren von Bremen nach Bremerhaven gewechselt und die Chemie hatte sofort zwischen ihnen gestimmt. Der besonnene Kruckenberg und die schlagfertige und taffe Ermittlerin bildeten ein prima Team, das sich gegenseitig respektierte.

»Ärztin. Frau Dr. von Wackerstein«, verbesserte Kruckenberg sie. »Ist wohl das Beste. Länger halt ich das auch nicht mehr aus.«

»Brav, Kollege. Sag mal, von Wackerstein? *Die* von Wackerstein?«

»Genau die. Ich hab sie seit dem Tunten-Mord in ihrem Haus nicht mehr konsultiert. Wird ihr bestimmt peinlich sein.«

»Und dir? Du hast schließlich ihre Tochter in den Knast gebracht.«

»Ist wohl für beide Seiten nicht gerade angenehm.«

»Hast du deshalb den Besuch in ihrer Praxis immer verschoben?«

»Kann schon sein“, murmelte er zwischen den Zähnen und gab Mona das Zeichen zum Aufbruch.

Frau Dr. von Wackerstein hatte Kruckenberg sofort nach der Untersuchung per Noteinweisung ins Krankenhaus geschickt. »Sieht ganz nach Keimen aus. Sie müssen schnellstens in die Klinik.« Weder sie noch Kruckenberg hatten das peinliche Thema ihrer letzten Begegnung angeschnitten. Über fünf Stunden hatte man ihn in der überfüllten Notaufnahme warten lassen, bis endlich ein auf wichtig mimender Assistenzarzt sich seiner angenommen hatte. Nachdem er umständlich einen Abstrich gemacht hatte, war er mit wehendem Kittel abgerauscht.

Nach einer Weile, die ihm wie eine Ewigkeit vorgekommen war, eilten zwei vermummte Gestalten herbei, die ihn stark an die Kollegen der Spurensicherung erinnerten, und brachten ihm einen Rollstuhl. »Sie werden vorsichtshalber isoliert.« Ohne weitere Erklärungen verpassten sie ihm eine Kopfhaube, Mundschutz und Gummihandschuhe. Abgedeckt mit einer grünen Plane wurde er in sein Zimmer geschoben.

Seit gut zwei Stunden lag er nun schon ohne weitere Informationen in einem Einzelzimmer und harrte der Dinge, die da kommen sollten. Was hatten die vor mit ihm? Warum kam niemand? Er fühlte sich hilflos ausgeliefert, hatte seine Selbstbestimmung an der Pforte abgegeben.

Mit den Worten: »Fragen an den Arzt. Wir warten erst mal den Test ab«, hatte ihn eine schnippische Krankenschwester, die ihm eine Flasche Wasser gebracht hatte, abgekanzelt. Arzt? Welchen Arzt? Bisher hatte sich keiner blicken lassen.

Zum Glück hatte er sein Tablet dabei. Im Internet fand er etliche Seiten über resistente Keime, weshalb bei ihm sämtliche Alarmglocken läuteten. Er erfuhr, dass viele Ärzte oder Pfleger die einfachsten Hygieneregeln nicht beachteten, sich zum Beispiel zwar sterile Gummihandschuhe anzogen, beim Verbandswechsel aber häufig gedankenlos zum klingelnden Handy griffen … und schon tummelten sich Keime munter auf den Handschuhen, bereit, sich weiterzuverbreiten. Beim Legen des Venenkatheders wurde fast immer auf Mund- und Nasenschutz verzichtet. Mitunter war auch nicht bekannt, dass das Desinfektionsmittel 30 Sekunden einwirken musste.

»Gleich ist Visite. Dann muss Ihre Wunde offen liegen. Die Ärzte haben keine Zeit.« Mit einem Ruck zog eine resolute Krankenschwester die Decke vom Bein, löste den Verband und drückte kurz auf seine offene Stelle. Ohne Handschuhe. Für die anderen Patienten auf der Station konnte Kruckenberg nur hoffen, dass er keimfrei war.

»Sie sind ja gar nicht vermummt«, entfuhr es ihm.

»Ist ja noch gar nicht sicher, dass Sie Keime haben. Zerbrechen Sie sich mal nicht meinen Kopf.« Maulig verschwand sie wieder.

Na toll. Da hatte er wohl Majestätsbeleidigung begangen. Ein Lächeln kostete doch nichts. Langsam wunderte ihn gar nichts mehr. Mit einem mulmigen Gefühl dachte er über seinen letzten Krankenhausaufenthalt nach. Er konnte sich beim besten Willen nicht erinnern, dass jemals ein Arzt den Desinfektionsständer, der gleich an der Innenseite der Zimmertür befestigt war, benutzt hatte. Handschuhe? Fehlanzeige.

Mit Schwung ging die Tür auf. Vier Weißkittel blieben auf der Türschwelle stehen.

»Hubert Kruckenberg. Wurde heute per Noteinweisung seiner Hausärztin mit Verdacht auf Keime eingeliefert. Abstrich wurde schon vorgenommen«, leierte eine Schwester herunter.

Kruckenberg legte sein Tablet auf den Nachttisch in der Annahme, dass nun die Ärzteschar zu ihm an das Bett trat. Weit gefehlt.

»Kommt der Patient von der Wackerstein?«, wollte einer der Weißkittel wissen.

»Ja.«

»Die Alte macht wieder Ärger. Der Arztbrief war mehr als unverschämt«, murmelt er leise, nickte Kruckenberg unverbindlich zu und schloss die Tür.

Was war das denn? Der letzte Satz war bestimmt nicht für seine Ohren gedacht. Er war davon ausgegangen, dass sich endlich mal ein Arzt für sein Bein interessierte.

Entmutigt und wütend zugleich widmete er sich wieder den Informationen über MRSA.

Sein Gemütszustand fiel immer weiter in den Keller. Sage und schreibe erkranken in deutschen Krankenzimmern 100.000 Patienten an Keimen. Bis zu 15.000 Menschen sterben jedes Jahr an den Folgen. Patienten kommen wegen einer harmlosen Operation ins Krankenhaus, ihre Wunden infizieren sich mit Keimen, die Infektion greift auf den Knochen über und es bleibt häufig nur eine Amputation des betroffenen Körperglieds.

Prost Mahlzeit. Das waren Aussichten. Resigniert legte Kruckenberg sein Tablet auf den Nachttisch.

»Hallo, Chef, gute Nachrichten.«

Nur an der Stimme und ihren dynamischen Bewegungen erkannte Kruckenberg Kollegin Butenschön, die vermummt sein Zimmer stürmte.

»Das wäre heute die erste. Erzähl schon.«

»Sag erst mal, wie es dir geht. Haben die hier schon was rausgefunden?«

Erbost winkte er ab. »Bisher hat sich keine Sau sehen lassen. Es dauert nicht mehr lange und mir platzt der Kragen. Langsam werde ich ungemütlich. Du weißt, was das bedeutet.«

»Du sagst es. Aber das bringt hier nichts. Du musst dich halt in Geduld üben. Ich weiß, diese Eigenschaft ist nicht deine Stärke. Und warum kommt keiner?«

»Weiß ich auch nicht. Komme mir langsam wie ein Aussätziger vor. Aber nun du. Die gute Nachricht.«

»Olaf Kern, der uneheliche Sohn von Mücke hat für die Tatzeit kein Alibi. Er hat zugegeben, dass er Streit mit ihm hatte. Das war nichts Ungewöhnliches, denn sein biologischer Vater hatte es nie so genau mit den Unterhaltszahlungen genommen. Er studiert in Hamburg und ist auf das Geld angewiesen.«

»Und die Mutter?«

»Hat seit der Zeugung nie wieder persönlichen Kontakt zu Mücke gehabt. Klarer Fall von One-Night-Stand. Sie lebt in Holland. Der Leiter der Vogel-Exkursion hat beobachtet, dass Mücke nach der Führung von einem jungen Mann mit einem roten Kleinwagen abgeholt wurde. Mückes Fahrrad haben die Kollegen auf der Luneplate gefunden. Und nun rate mal, wer einen roten Kleinwagen fährt?«

»Dieser Olaf, wenn du so fragst.«

»Bingo. Wenn wir Glück haben, finden die Kollegen von der KTU Erdspuren von der Luneplate an seinen Reifen. Dann ist er dran.«

»Wenn er schlau ist, hat er den Wagen längst durch die Waschanlage gejagt. Glaubst du, dieser Olaf hat Mücke umgebracht, weil er ein säumiger Zahler war? Das reicht dem Richter mit Sicherheit nicht als Motiv.«

»Da Mücke keine weiteren Familienangehörigen hatte und kein Testament vorliegt, ist er der Alleinerbe. Und da ist viel Schotter zu holen.«

»Wenn das kein Motiv ist«, stellte Kruckenberg zufrieden fest.

Ein schlechter Tag für Mona. Ein ganz schlechter. Kruckenberg hatte tatsächlich den MRSA-Keim. Bubi Schulze hatte bei der Durchsicht der Patientenunterlagen festgestellt, dass bei Mückes Patienten sehr häufig resistente Keime aufgetreten waren. Hatte die Drogensucht sein Gehirn vernebelt? Warum hatte er Kruckenberg nicht längst getestet? Wollte er einen Fehler vertuschen? Litt er unter Realitätsverlust? Da konnte man ja fast dem Mörder dankbar sein, dachte Mona ketzerisch und verbot sich gleichzeitig diesen Gedanken. Fragt sich, warum die Häufung bei Mückes Patienten nicht aufgefallen war. Bubi Schulze hatte festgestellt, dass Mücke in den letzten Wochen zahlreiche Patienten ungetestet in die Unfallklinik nach Hamburg abgeschoben hatte. Das roch nach System. Später, sollte es zu einem Prozess kommen, war dann unklar, in welcher Klinik sich die Patienten den Keim eingefangen hatten.

Die Untersuchung hatte ergeben, dass an den Reifen von Olaf Kerns blitzsauberem Auto keinerlei Spuren vom Boden der Luneplate hafteten. Reifenspuren hatte der Regen zunichte gemacht. Wie Zieten aus dem Busch hatte sein Anwalt ein Alibi aus dem Hut gezaubert, das alle überraschte und keiner glaubte. Olaf Kern war urplötzlich eingefallen, dass er zur Tatzeit mit seinem Freund Stefan Fedder zusammen war. Er hatte angeblich nur den Tag verwechselt. Das Alibi war von Fedder bestätigt worden und sie hatten ihn aus der Untersuchungshaft entlassen müssen.

»Den Mist glaubt doch keiner«, schimpfte Mona und betrat auf Anregung von Kruckenberg, den sie von dieser Schlappe bereits informiert hatte, den Raucherraum des Krankenhauses. Undercover.

Nach einer Viertelstunde kam sich Mona geradezu geräuchert vor. Und das sollte was heißen. Sie rauchte gern, aber hier in der Raucherzone grenzten die dicken Rauchschwaden an vorsätzlicher Körperverletzung. Eines war klar: Sollte sie in diesem Krankenhaus mal Patientin sein, dieser Raum samt Publikum würde sie zur Nichtraucherin machen.

Die Sucht schien größer als alle Anstrengungen, die die Patienten auf sich nahmen, um an ihren geliebten Glimmstängeln zu ziehen. Einige hatten ihre Infusionsständer neben sich deponiert, bei anderen baumelte der Urinbeutel unter dem Bademantel heraus. Das war so was von ekelig. Da hatte Kruckenberg ihr ganz schön was eingebrockt. Aber seine Idee, hier undercover zu ermitteln, war nicht schlecht. Raucher sind kommunikativ. In der letzten Stunde hatte sich ihr Wissensstand, die Klinik betreffend, um einiges erweitert. Der spindeldürre Kerl im geschmacklosen Jogginganzug neben ihr röchelte beängstigend. Mona rückte angeekelt ein Stück von ihm ab. Nicht dass ihr hier noch die Brocken um die Ohren flogen.

»Lungen-Karzinom. Endstadium. Jetzt ist das Paffen erst recht egal«, krächzte er zahnlos, zog Rotz hoch, spuckte das Ergebnis in ein Blatt Haushaltspapier und warf es treffsicher an Mona vorbei in den großen Aschenbecher.

Mona stellten sich alle Nackenhaare hoch. Für ihren Einsatz war eine Ekelprämie fällig. Das konnte Kruckenberg gar nicht wiedergutmachen. Lange hielt sie das hier nicht mehr aus.

»Hi, Mandy, wir haben dich schon vermisst«, krächzte der Jogginganzug heiser.

Eine junge, fettsüchtige Wuchtbrumme, die sich als Kandidatin bei *The Biggest Loser* bewerben sollte, ließ sich träge auf einen der Stühle fallen.

»Moin, Alder. Alles roger?«

»Erst mal eine durchziehen, nöch?« Der Jogginganzug grinste sie zahnlos an.

»Unbedingt.« Sie fummelte Tabak und Blättchen aus einer klitzekleinen Handtasche heraus, die in Relation zu ihrem Körper geradezu lächerlich wirkte.

»Seit wann quarzen denn hier auch Privatpatienten?« Verschlagene Augen musterten Monas Kleidung.

Vor dem Auftritt der Wuchtbrumme war Thema Nummer eins die Ermordung von Dr. Mücke. Jeder wollte ihn gekannt haben und jeder wollte wissen, dass er ein eingebildetes Ekel gewesen war. Wenn nur die

Hälfte der Gerüchte stimmte, dann musste er schon sehr rigide und abgehoben mit seinen Patienten umgegangen sein. Mona wollte mehr erfahren, wieder zum Thema kommen und verzichtete auf eine passende Retourkutsche, was ihr nicht gerade leicht fiel. Mit der Dicken wäre sie schnell fertig geworden. »Hier soll es viele Keime geben«, warf sie in die Runde und hatte mit dieser Frage anscheinend in ein Wespennest gestochen. Jeder von ihnen kannte mindestens einen Patienten, der sich hier mit Keimen infiziert hatte.

»Im letzten Jahr ham se 'ne ganze Station isoliert und nur mit verkeimten Kandidaten belegt. Einem jungen Kerl ham se sogar das Bein abgenommen«, wusste ein tätowierter und aufgepumpter Kraftbolzen im Muskelshirt. Eine goldene Gliederkette tanzte auf schwarzem Flokati. Er stieß geräuschvoll den letzten Zug seiner Selbstgedrehten durch die Lippen, bevor er sie mit gelben Fingern im Aschenbecher ausdrückte. Die nächste war zügig in Arbeit.

Mona horchte auf. »Ehrlich? Na dann kann er seine berufliche Laufbahn wohl erst mal an den Nagel hängen.«

»Wenn de das man weißt. Ganz arme Sau. Kricht jetzt Hartz IV, hab ihn im Jobcenter getroffen.« Er nickte vielsagend mit dem Kopf. »Der kann doch nix anneres als schwümmen.«

»Schwimmen?«

»Leistungsschwümmer. Aus die Maus. Der ist feddich mid Jack un Büx, das kanns de mir glauben. Die ham ihm 'ne tolle Prothese verpasst, echt geil, mit Hose siehste ihm die nich an. Aber mit Sport isses aus.«

Mona konnte es nicht fassen. Sollte sich der Fall so einfach klären? Das passte doch alles zusammen. »Meinst du etwa Heiko Müller?« Der Bluff gelang.

»Nee, Stefan Fedder. Der hadde ne voll bigge Karriere vor sich. Lach nach der Amputation auf mei'm Zimmer. Mann du, der war kein büsschen mehr multiviert. Kann sich seine Karriere inne Haare schmieren. Und das nur, weil die blöden Wichser hier keine Ahnung ham.«

Sie verkniff sich ein Grinsen. Mit Fremdwörtern hatte der Typ es nicht so. Volltreffer. Die Prothese muss wirklich gut sein. Sie hatte bei der Vernehmung auch nicht bemerkt, dass er beinamputiert war. »War er Patient von Dr. Mücke?« Eigentlich war diese Frage überflüssig.

»Klar doch. Der Vollpfosten hat nich erkannt, dass Stefan Keime hadde. Verklagen wollte er ihn.«

»Voll geil, ey, das kann er sich ja jetzt knicken«, quiekte die Wuchtbrumme dümmlich und schlug sich auf die fetten Schenkel, die in bunten Leggins steckten.

Mona hatte genug gehört. So schnell hatte sie schon lange keinen Fall mehr gelöst. Nachdem sie eine Streife zu Stefan Fedder und Olaf Kern zwecks vorläufiger Festnahme geschickt hatte, eilte sie geradezu beflügelt Richtung Fahrstuhl. Diese Neuigkeit dürfte Kruckenberg aufheitern.

Freibad Grünhöfe
Marschbrookweg 135

Das Freibad Grünhöfe bietet ein Trimmbecken, ein Nichtschwimmerbecken, ein Baby-Planschbecken, Sprunganlage mit 1-Meter- und 3-Meter-Brett, Breitwasserrutsche, Wasserspielplatz, Kinderspielplatz, Beachvolleyball-Feld, Boule-Feld und Grillecke.

Das Wasser ist solarbeheizt und hat eine Temperatur von mindestens 23 Grad.

Das Freibad ist in der warmen Jahreszeit Montag bis Sonntag von 11 bis 19 Uhr geöffnet.

Weitere Freizeittipps in Grünhöfe:
Dienstleistungszentrum Grünhöfe
Auf der Bult 5

Das Dienstleistungszentrum bietet unterschiedliche Dienstleistungen im sozialen Bereich an. Dazu gehören Beratungsangebote, Qualifizierungen, aber auch Möglichkeiten im Rahmen der Freizeitgestaltung von Kindern, Jugendlichen und jungen Erwachsenen.

Zum Beispiel: Kinder- und Jugendtreff, Internet-Treff, Fachstelle für Jugendschutz im Internet.

Die Einrichtung ist eine zentrale Anlaufstelle im

Ortsteil, die mit ihren Angeboten eine Vielzahl von Zielgruppen anspricht.
www.dlzgruenhoefe.de

Glad(E)makers
Petruskirche Bremerhaven-Grünhöfe, Braunstraße 10
Seit 2008 besteht der gemischte Chor der Glad(E)makers unter der Leitung von Vivian Glade, Koordinatorin Kinder- und Jugendmusik im Kirchenkreis Bremerhaven.
Frohmacher: Der Name ist Programm.
Der Chor besteht aus
Frohmacher: Soul- und Gospelchor der Glad(E)makers ab 12 Jahren,
SoulKeepers: Kinder- und Jugendchor zwischen 2 und 10 Jahren (Soulkids), Kids und Teenies ab 11 Jahren (SoulKeepers),
Danc(E)makers – Urban Gospel Dance Group: Teenager-Dance-and-Song-Projekt für Kids zwischen 3 und 10 Jahren, sowie für Jugendliche und Erwachsene ab 11 Jahren, unter Leitung von Josephine Glade
Social Soul Band: Soul, Pop & Love,
B'Heavens Angels: Leistungschor der Glad(E)makers
GladMen: Glad(E)makers-Soulchor für Jungen und Männer
Alle Proben finden im GladRoom, Braunstraße 10 statt.

Wer Lust hat mitzumachen oder eines der Konzerte besuchen möchte: Infos unter: www.glademakers.de

Luneplate

Im Süden Bremerhavens liegt das 1.000 Hektar große Naturschutzgebiet: die Luneplate. Ein Paradies für Tiere und Pflanzen. Sie ist als EU-Vogelschutzgebiet gemeldet und als Naturschutzgebiet ausgewiesen. Ein Rastgebiet für nordische Gänse, Schwäne, Zwergschwäne, Blässgänse, Nonnengänse, Säbelschnäbler, Pfeif- und Spießenten und Zwergsäger.

Auf der Luneplate leben Wasserbüffel der Hafengesellschaft *bremenports*, die die Aufgabe haben, das Gras der Weiden das ganze Jahr über kurz zu halten. Dadurch verbessern sich die Lebensbedingungen seltener Vogelarten.

Für den Winter steht ein Unterstand bereit, wo der Chef-Büffel Valentino und seine Herde ausreichend Futter finden. Die Wasserbüffel lieben das kalte Wetter. Bei Temperaturen zwischen 0 und minus 8 Grad fühlen sie sich besonders wohl.

Die Gesellschaft *bremenports* bietet seit Jahren kostenlose Führungen an, um der Öffentlichkeit das Naturschutzgebiet näher zu bringen.

Restaurant Alte Luneschleuse
Alte Luneschleuse 9

Das idyllisch gelegene Gasthaus, das man über verschlungene Wege erreicht, ist ein wahrer Geheimtipp. Ganz im Süden Bremerhavens, am Rande des Gewerbegebiets Bohmsiel, findet man es verborgen in einer grünen Oase. Wer gute deutsche Küche liebt, ist hier richtig: Überwiegend Räucherfisch vom Aal, Krabben, Lachs bis zur Forelle. Je nach Marktlage auch Frischfisch und die besten Bratkartoffeln im ganzen Umkreis. Deutschlands Gourmet-Papst Wolfram Siebeck lobte nach einem Besuch (inkognito) in der Wochenzeitung DIE ZEIT die romantische Lage und das Essen, das frisch und sorgfältig zubereitet wird, und empfahl wärmstens einen Besuch in der Alten Luneschleuse.

Reservierung erbeten.

Mehr unter: www.alte-luneschleuse.de

TRÄUME SIND SCHÄUME

»Wir sollten heute an den Deich«, sagte Pia und ahnte die Antwort bereits.

»Bei dem Wetter?«, murmelte Johannes hinter dem *Sonntagsjournal.* »Ich muss nachher noch in die Klinik.«

»Am Sonntag? Das ist nicht dein Ernst. Du hast doch keine Bereitschaft.«

»Geht nicht anders«, war die knappe Antwort.

»Kann die Station nicht einmal am Sonntag ohne den ach so wichtigen Chefarzt auskommen?« Das sollte ironisch klingen, doch der Zorn, der sich hinter ihren Worten verbarg, war unüberhörbar.

»Zwei Kollegen sind krank, ich muss die neue Kollegin unterstützen.« Fahrig legte er die Zeitung zusammen. Er wusste, Pia glaubte ihm kein Wort. »Schließlich trage ich die Verantwortung.«

»Ist sie hübsch?«

»Wer? Die Verantwortung?«

»Wie witzig.«

»Nicht schon wieder. Deine Eifersucht ist unerträglich.«

»Ach? Ist das so? Bisher war sie doch nie unbegründet. Wie war das denn im letzten Jahr mit Schwester

Inge, dem Atombusenwunder? Oder deine Affäre mit der stets rolligen Frau Dr. Wohlers? Ich könnte noch eine ganze Reihe mehr aufzählen.«

»Du hast doch nicht alle Tassen im Schrank. In meiner Position kann ich mir Affären überhaupt nicht leisten.«

»Das ist mir neu. Täusch dich nicht, ich weiß mehr als du ahnst.«

»Was weißt du schon. Doch nur das, was dir deine vermeintlich gute Freundin Anke einflüstert. Merkst du das eigentlich nicht? Die ist nur neidisch.«

»Schöner Versuch. Das hätte ich jetzt auch gesagt.«

»Geh mal zum Psychiater oder such dir Arbeit. Du hast zu viel Zeit.« Genervt schmiss er die Zeitung auf den Tisch und verschwand Richtung Badezimmer. Ständig die gleiche Leier. Für Pia war jede Frau in seiner Nähe eine potenzielle Ehebrecherin. So Unrecht hatte sie ja nicht, aber warum sollte er sich unnötig Stress machen und alles gestehen? Gut, zwei, drei Mal war sie ihm auf die Schliche gekommen und hatte ihn so in die Ecke gedrängt, dass er nicht anders konnte, als alles zuzugeben. Mein Gott, was war denn dabei? Außerdem hatte er die letzte von ihr aufgedeckte Affäre mit dem Gold-Collier, auf das sie so lange schon scharf gewesen war, wiedergutgemacht. Sie waren 20 Jahre verheiratet und während er immer noch von den Frauen begehrt wurde, war sie mit den Jahren zum Auslaufmodell mutiert. War das vielleicht seine Schuld? Sie hatte doch alles, was eine

Frau sich wünschen konnte, lebte wie die Made im Speck. Kleider und Schuhe, soviel das Herz begehrte. Und Pias Herz war nicht bescheiden. Ihre Schuhe trugen beim Kauf keine Preisschilder unter der Sohle und die erworbene, in Seidenpapier eingewickelte Kleidung wurde in Taschen, die mit Logos exklusiver Marken bedruckt waren, nach Hause getragen. Alles mit seinen Kreditkarten bezahlt. Er kannte Frauen, die würden für so viel Luxus gern einen Seitensprung des Gatten als Gegenleistung in Kauf nehmen. Ein schlechtes Gewissen musste er nun wirklich nicht haben.

Selbstverliebt betrachtete er sich im Badezimmerspiegel und war mit dem Ergebnis mehr als zufrieden. Er war fest davon überzeugt, dass er bei den Frauen immer noch einen hohen Marktwert genoss. Und den nutzte er. Wäre ja ganz schön blöd, wenn er bei den zahlreichen Angeboten ein monogames Leben fristen würde. Sie rannten ihm doch förmlich die Bude ein. Patientinnen, Kolleginnen, Krankenschwestern – ja, gestern hatte ihn sogar die bildhübsche und blutjunge Bedienung in der Cafeteria angeflirtet. Er hatte es nicht nötig, wie einige seiner Freunde, einschlägige Etablissements aufzusuchen, um sich dort die Erfüllung seiner sexuellen Träume zu erkaufen. Er war im besten Mannesalter, brauchte kein Viagra, denn sein bestes Stück, auf das er so stolz war, hatte ihn bisher nie im Stich gelassen. »Du bist schon ein toller Hecht«, nickte er sich im Spiegel zu und zerstäubte einen seiner teuren Düfte auf Hals und Handgelenke.

Schade nur, dass er heute tatsächlich ins Krankenhaus musste, um der neuen Kollegin zu helfen. Er konnte sich auch etwas Besseres mit ihr vorstellen. Mal sehen, vielleicht lief ja noch was.

Nachdem Johannes das Haus verlassen hatte, beschloss Pia, an den Deich zu fahren und sich den Wind um die Nase wehen zu lassen. Sie parkte beim **Zoo am Meer** und wanderte auf dem Deich Richtung **Weser-Strandbad**. In Gedanken war sie bei Johannes. War er jetzt mit dieser Ärztin in einem Hotel oder machten sie es in einem Krankenzimmer? Er sah gut aus, war erfolgreich und ein charmanter Gesellschafter. Sie kannte kaum eine Frau, die seinem Charme nicht erlegen war. Da lag es doch nahe, dass er zugriff. Er war eben auch nur ein Mann, wie Anke seine Fehltritte kommentierte. Anke, ihre beste Freundin, war Krankenschwester auf seiner Station und hielt sie solidarisch auf dem Laufenden. Durch Anke war sie bestens informiert, mit wem er seine Pausen verbrachte, welche Schwester ihn gerade anhimmelte und mit welcher Ärztin er sich die Nachtschichten teilte. Auf Anke war Verlass. Ständig lag sie ihr mit Scheidung in den Ohren. Das kam gar nicht infrage. Sie war doch nicht blöd. Dann müsste sie ihren Lebensstandard aufgeben. Wenn sie so richtig in Rage war, wünschte sie sich, er würde bei der Ausübung seiner Schäferstündchen einem Herzinfarkt erliegen. Er war ja nicht mehr der

Jüngste, dachte sie gehässig. Irgendwann musste ihm die Natur doch Grenzen aufzeigen. Machte ihm sein Asthma bei den anderen Frauen auch so zu schaffen wie bei ihr? Insgeheim liebäugelte sie mit der nicht unbeträchtlichen Höhe der Auszahlungssumme seiner Lebensversicherung.

Pia stemmte sich gegen den Wind, der kräftig über den Deich pfiff. Sie hatte keine Augen für das eindrucksvolle Panorama, das sich ihr bot. Das Kreischen der Lachmöwen, die um den **Wasserstandanzeiger** segelten, klang wie Hohn in ihren Ohren.

Beim Klingeln ihres Handys blieb sie stehen. Anke. Haargenau teilte sie ihr mit, dass sie Johannes und die neue Ärztin, das raffinierte Flittchen, gerade beim Knutschen im Ärztezimmer überrascht hatte. Nun war der Bogen überspannt, nun würde er büßen müssen. Es gab auch für einen Doktor Hansen Grenzen. Gedemütigt lief sie zum Auto zurück. Dass Anke lügen könnte, kam ihr gar nicht in den Sinn. Ihr war auch noch nie aufgefallen, dass die vermeintliche Freundin immer dann, wenn sie sie gegen Johannes aufgehetzt hatte, die Gelegenheit ausnutzte, um mit ihr die Zeit zu verbringen. Da Johannes nicht vor morgen Mittag zu Hause sein würde, hatte sie sich von Anke zu einem Besuch im **Capitol** überreden lassen. Der könnte den verkorksten Abend noch retten.

»Wir sollten umkehren. Es zieht sich immer mehr zu.« Johannes klang besorgt. Das Laufen im nassen Sand war mühsam. Die Gummistiefel sackten unter seinem Gewicht ständig tiefer ins Watt. Der Boden wurde schlammiger.

»Ach was. Wir haben noch satt Zeit, bis wir auflaufend Wasser bekommen. Ist dir kalt?«

»Und wie. Das war eine Scheißidee von dir.«

»Nun sei man kein Frostködel. Ich weiß gar nicht, was du hast.« Pia streckte beide Arme aus und drehte sich mehrfach um die eigene Achse. »Herrlich«, jubelte sie und beobachtete ihren Mann, der nach Luft japste und wie ein Betrunkener torkelte.

»Du hast ja auch kein Asthma. Der Nebel ist tödlich für mich.«

Nicht nur der Nebel. Pia freute sich insgeheim schon auf das Finale des Ausflugs. »Wir sind bei schönstem Sonnenschein losgegangen. Wer konnte schon ahnen, dass ein solcher Nebel aufkommt?«

Johannes blieb keuchend stehen. »Ich kann nicht mehr.« Erschöpft schnappte er nach Luft und erinnerte Pia an die Fische im Nordsee-Aquarium, wenn sie mit offenen Mäulern und aufgerissenen Glubschaugen gegen die großen Glasscheiben stießen.

»Wirst du alt? Wo ist deine Kondition geblieben?« Sie wusste genau, dass er kraftlos wurde, sobald er keine Luft bekam. Das kam ihr jetzt gut zu passe.

»Mach du dir um meine Kondition mal keinen Kopf.«

»Ach, ich vergaß. Zum Fremdvögeln reicht sie ja allemal.«

»Jetzt wirst du ordinär, Pia. Das passt nicht zu dir.« Verzweifelt versuchte er sein rechtes Bein, das langsam tiefer und tiefer einsackte, hochzuziehen.

»Ich und ordinär?« Sie lachte hämisch auf. »Soll ich dir mal sagen, was ich ordinär finde? Ja? Ordinär ist, dass du in der Gegend herumbumst. Du hast doch bestimmt schon das gesamte weibliche Klinikpersonal durch. Vermutlich empfiehlt man dich schon weiter.«

Johannes schnappte erneut nach Luft. »Das ist jetzt kein Spaß mehr. Hör endlich auf damit. Hast du mein Notfall-Spray?«

Pia griff in die Jackentasche und drehte den kleinen Inhalator zwischen Daumen und Zeigefinger. »Meinst du den?«

Er nickte erleichtert.

»Willst du?«

»Noch nicht. Erst wenn es gar nicht mehr geht.«

»Okay, dann weiter. Wir haben noch massig Zeit bis das Hochwasser kommt.«

»Wie denn? Ich komm hier nicht alleine raus.«

Pia sah schadenfroh zu, wie er langsam tiefer gezogen wurde.

Er ruderte panisch mit den Armen. »Bitte hilf mir. Zieh mich raus!«

Pia entfernte sich langsam und sah seelenruhig zu, wie Johannes immer weiter in die Tiefe sank. »Hier hast du dein Spray. Ich befürchte, du wirst es nicht mehr brauchen.« Im hohen Bogen warf sie den Inhalator über seinen Kopf und stapfte erleichtert und zügig Richtung Küste.

»Das kannst du nicht machen, du blöde Kuh.«

»Die blöde Kuh wird zu Hause einen schönen heißen Tee trinken und sich nie wieder Gedanken über ihren untreuen Ehemann machen«, schrie sie gegen den steifen Wind, der ihre Worte verschluckte.

Mit einem unverschämten Lächeln auf den Lippen wachte Pia auf. Johannes Bett war unbenutzt. Also war er wie vermutet, die Nacht nicht nach Hause gekommen. Das Leben hatte sie wieder. Der Traum wirkte nach und sie fasste einen folgenschweren Entschluss.

Johannes, der die ganze Nacht operiert hatte, betrat müde und abgespannt das Haus. Ein schwerer Verkehrsunfall auf der Autobahn zwischen Bremerhaven und Cuxhaven. Mutter und Kind hatte er retten können, der Vater war noch an der Unfallstelle verstorben. Eine Familientragödie, die ihm an die Nieren ging und ihn nicht losließ. Keine Zeit für ein amouröses Abenteuer. In solchen Augenblicken wurde ihm immer wieder klar, wie klein und unbedeutend seine eigenen Probleme waren. Er fürchtete, von Pia mit Vorwürfen und den obligatorischen Verdächtigungen empfangen zu werden. Wer weiß, was Anke ihr wieder eingeflüstert hatte. Umso überraschter war er, dass sie ihm lächelnd die Tür öffnete. Sogar einen Kuss bekam er.

»Ich habe einen Vorschlag. Den darfst du mir nicht abschlagen: Ich möchte mit dir an deinem nächsten freien Tag eine Wattwanderung nach Neuwerk unternehmen.«

»Warum nicht. Von mir aus gleich morgen, ich habe frei.«

Zoo am Meer
H.-H.-Meier-Straße 7

Direkt am Deich liegt der *Zoo am Meer* und bietet eine tierische Erlebniswelt für Alt und Jung. Der Schwerpunkt des Zoos sind Tiere des Nordens und des Wassers: Eisbären, Robben, Seelöwen, Pinguine und andere. Durch große Unterwasserscheiben können dahingleitende Robben beobachtet werden.

2014 wurde das Eisbärenmädchen Lale geboren und ist zum Anziehungsmagneten des Zoos geworden. Am 7. Juni 2015 wurde Lale schweren Herzens mit einer Farewell-Party bei Kaffee und Kuchen im Zoo verabschiedet. Sie lebt jetzt im Zoo Emmen.

Kinderbeschilderung und spannende Forscherpfade begeistern die Kinder ebenso wie der Spielplatz und die Kaninchen und Meerschweinchen.

Die Terrasse lädt ein zum Kaffeetrinken und bietet einen Blick auf die endlose Weite des Wassers. Tierfütterungen und das Robbentraining lassen die Herzen jedes Besuchers höher schlagen.

Im neuen Becken des Nordsee-Aquariums, mit einem Wasservolumen von etwa 200.000 Liter,

können Tiere verschiedener Lebensräume der Nordsee bestaunt werden. Auch Tiere des Brackwassers der Weser werden vorgestellt.
Weitere Infos: http://zoo-am-meer-bremerhaven.de/de/

Weser-Strandbad
Am Alten Vorhafen

Zentral, direkt am Weserdeich, befindet sich das Weser-Strandbad. Mit Blick auf vorbeiziehende Schiffe und auf die Außenweser kann man die Sonne genießen.
Der Strand kann allerdings nur zum Sonnenbaden genutzt werden, denn seit 1967 ist das Baden verboten. Planschen erlaubt. Der Strand liegt sehr nahe an einer Hafeneinfahrt zum Fischereihafen und nah an einer Hauptwasserstraße. Die Strömungsgeschwindigkeit liegt bei bis zu fünf Knoten, wenn bei Ebbe sich der Ebbstrom mit dem Weserstrom überlagert. Nicht alle Bremerhavener wollen sich mit diesem Verbot abfinden. Es soll ein Gutachten erstellt werden, dass das Schwimmen am Weser-Strand doch sicherer sei als vorher angenommen.
Es gibt Strandkörbe und eine Strandbar. Mittwochs und donnerstags finden öffentliche Grillabende ab 18 Uhr statt. Sonntags wird von 10 bis 14 Uhr Brunch angeboten.

Bei schlechtem Wetter geschlossen.
Öffnungszeiten: 10 bis 20 Uhr
Tel: 0471/3003940

Wasserstandanzeiger

70 Jahre lang zeigte das 1903 aufgestellte Wahrzeichen den Schiffen die Tideverhältnisse auf der Weser an. Wegen der veralteten Technik drohte 1973 die Verschrottung. Engagierte Bremerhavener Bürger und Mitglieder der Schiffahrtsgeschichtlichen Gesellschaft setzten sich für den Erhalt ein und das maritime Wahrzeichen konnte gerettet werden. 1998 wurde es vom Deutschen Schiffahrtsmuseum übernommen, restauriert und unter Denkmalschutz gestellt.

Rote Bälle und Kegel aus Weidengeflecht zeigen die Tideverhältnisse an. Ein Ball = ein Meter Wasserstand, Ein Kegel = 20 Zentimeter Wasserstand. Ob das Wasser auf- oder abläuft, signalisiert ein roter, pfeilförmiger Arm an der Spitze.

Capitol
Hafenstraße 156

Im Capitol veranstaltet die Arbeitnehmerkammer Bremerhaven seit 1988 ein kontinuierliches Gastspielprogramm. Im Satire-Tempel gastieren Künstler der Sparten Kabarett, Comedy, Lesung, Satire und politisches Theater. Veranstaltungskalender: www.arbeitnehmerkammer.de/veranstaltungen

DANKSAGUNG

Ich danke ganz herzlich

Raymond Kiesbye, Geschäftsführer *Erlebnis Bremerhaven-Gesellschaft für Tourismus*, für das Vorwort und seine großartige Unterstützung.

Mailin Knoke, *Erlebnis Bremerhaven-Gesellschaft für Tourismus*, für das akribische Korrekturlesen der Freizeittipps.

Franz-Eckard Falck, Mitarbeiter im *Deutschen Schiffahrtsmuseum* und Stadtführer, für seine Vorschläge und Hinweise auf so manchen Geheimtipp.

Sven Lang, meinem Lektor, und allen Mitarbeitern vom *Gmeiner-Verlag*, die zum Gelingen dieses Buches beigetragen haben. Es war eine angenehme und fruchtbare Zusammenarbeit.

LILIANE SKALECKI / BIGGI RIST
Rabenfraß

978-3-8392-1832-7 (Paperback)
978-3-8392-4921-5 (pdf)
978-3-8392-4920-8 (epub)

»Heiner Hölzle ermittelt während seines Urlaubs und lernt dabei die düsteren Seiten des Harzes kennen. Schaurig und fesselnd. Nervenkitzel garantiert!«

Ausgerechnet an Hölzles erstem Urlaubstag im Harz wird eine junge Frau enthauptet aufgefunden. Alle Indizien deuten darauf hin, dass der Ehemann der Mörder ist. Doch der Kriminalhauptkommissar hat Zweifel. Er beginnt, auf eigene Faust zu ermitteln, und stößt dabei auf eine unglaubliche Mordserie. Seit 20 Jahren treibt ein Mörder unbemerkt sein Unwesen und tötet seine Opfer nach mittelalterlichen Methoden. Hölzle gerät bei seinen Nachforschungen selbst ins Visier des Mörders und begibt sich in tödliche Gefahr …

Das Neueste aus der Gmeiner-Bibliothek

Unser Lesermagazin

Bestellen Sie das kostenlose Krimi-Journal in Ihrer Buchhandlung oder unter www.gmeiner-verlag.de

Informieren Sie sich …

www … auf unserer Homepage:
www.gmeiner-verlag.de

@ … über unseren Newsletter:
Melden Sie sich für unseren Newsletter an unter www.gmeiner-verlag.de/newsletter

f … werden Sie Fan auf Facebook:
www.facebook.com/gmeiner.verlag

Mitmachen und gewinnen!

Schicken Sie uns Ihre Meinung zu unseren Büchern per Mail an gewinnspiel@gmeiner-verlag.de und nehmen Sie automatisch an unserem Jahresgewinnspiel mit »mörderisch guten« Preisen teil!